职业教育·通用课程教材

全国优秀教材、"十三五"职业教育国家规划教材《道路工程制图与 CAD》(第 3 版)配套用书

Daolu Gongcheng Zhitu yu CAD Xitiji

道路工程制图与 CAD 习题集

(第 2 版)

汪谷香　曹雪梅　主编

赵仙茹　主审

人民交通出版社股份有限公司

China Communications Press Co.,Ltd.

内 容 提 要

本习题集是全国优秀教材、"十三五"职业教育国家规划教材《道路工程制图与CAD》(第3版)配套用书。全书由掌握制图规范与工程构件的绘制及识读、识读道路工程专业图、绘制工程结构物和计算机绘图实训共四个模块组成,与教材《道路工程制图与CAD》的模块相对应。其内容深度及结构顺序紧扣教材,具有难易适中、紧扣专业、强化技能的特点。

本书可作为高等职业教育道路与桥梁工程技术等专业教学用书,也可作为行业技能培训教材使用。

图书在版编目(CIP)数据

道路工程制图与CAD习题集 / 汪谷香,曹雪梅主编. —
2版. —北京:人民交通出版社股份有限公司,2018.11
高等职业教育"十二五"规划教育
ISBN 978-7-114-15163-7

Ⅰ.①道⋯　Ⅱ.①汪⋯　Ⅲ.①道路工程—工程制图—
AutoCAD 软件—高等职业教育—习题集　Ⅳ.
①U412.5-44

中国版本图书馆 CIP 数据核字(2018)第 265958 号

职业教育·通用课程教材

书　　名:	道路工程制图与CAD习题集(第2版)
著　作　者:	汪谷香　曹雪梅
责任编辑:	钱　堃
责任校对:	刘　芹
责任印制:	刘高彤
出版发行:	人民交通出版社股份有限公司
地　　址:	(100011)北京市朝阳区安定门外外馆斜街 3 号
网　　址:	http://www.ccpcl.com.cn
销售电话:	(010)59757973
总 经 销:	人民交通出版社股份有限公司发行部
经　　销:	各地新华书店
印　　刷:	北京武英文博科技有限公司
开　　本:	787×1092　1/8
印　　张:	19
字　　数:	300 千
版　　次:	2016 年 8 月　第 1 版
	2018 年 11 月　第 2 版
印　　次:	2024 年 6 月　第 2 版　第 9 次印刷　总第 15 次印刷
书　　号:	ISBN 978-7-114-15163-7
定　　价:	36.00 元

(有印刷、装订质量问题的图书由本公司负责调换)

前　言

本习题集是全国优秀教材、"十三五"职业教育国家规划教材《道路工程制图与CAD》(第3版)配套用书。其内容深度及顺序紧扣教材,具有难易适中,紧扣专业,强化技能的特点。

本习题集的编写指导思想是:

1. 紧扣教材,以必需、实用为度组织制图理论模块的内容。

2. 紧扣专业,以强化识读结构物的能力为主线组织内容。

3. 强化专业技能理念,强化识读专业图的能力以及AutoCAD绘图能力。

结合专业是本习题集的重要特点。本习题集包括:掌握制图规范与工程构件的绘制及识读、识读道路工程专业图、绘制工程结构物和计算机绘图实训四个模块。在掌握投影基本理论的基础上,尽可能结合专业,注重对学生的空间思维以及绘图能力的培养,强化学生的技能,以更适合高职教育的需要。

本习题集由湖南交通职业技术学院汪谷香和四川交通职业技术学院曹雪梅担任主编,陕西交通职业技术学院赵仙茹担任主审。各部分的编写分工是:模块一项目一、项目三、项目五,模块二由曹雪梅编写;模块一项目二、项目四,模块三,模块四由汪谷香编写。

由于时间仓促,加之水平有限,缺点和错误在所难免,恳请使用本习题集的师生批评指正。

编　者

2018 年 9 月

目　录

道 路 工 程 制 图 桥 梁 平 立 剖 东 南 西 北 设 计 说 明 结 构 详 拱 台 涵 洞 护 坡 中 心 高 程 附 注 材 料 支 柱 块

专 业 制 造 审 核 比 例 日 期 墙 梁 板 柱 钢 筋 混 凝 土 门 窗 蓬 姓 名 细 部 水 泥 沥 青 石 灰 砂 浆 填 挖 基 础 隧

0 1 2 3 4 5 6 7 8 9 A B C D E F G H I J K L 5 6 7 8 9 A B C D E F G H I J K L

M N O P Q R S T U V W X Y Z a s d f g h j k R S T U V W X Y Z a s d f g h j k

模块一　掌握制图规范与工程构件的绘制及识读	项目一　掌握制图规范和相应的基本知识	专业班级		姓　名		学　号	

1-1-2　按 1:1 抄绘下列图样。

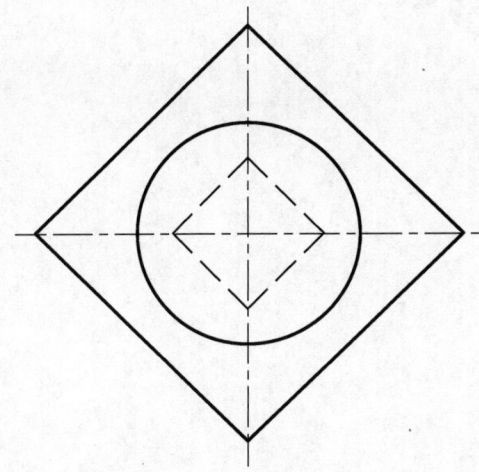

1-1-4　已知长轴为 120mm, 短轴为 80mm, 画椭圆。

1-1-3　按 1:1 抄绘下列图样。

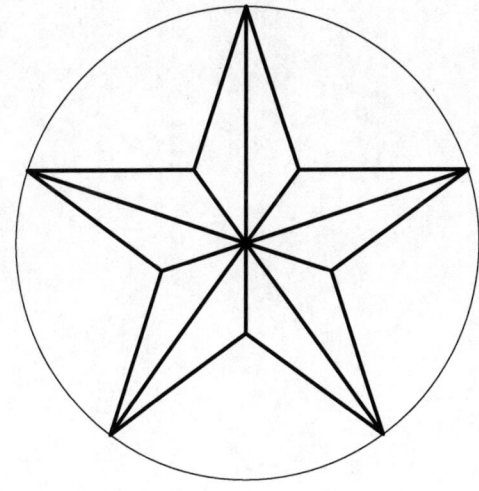

模块一　掌握制图规范与工程构件的绘制及识读	项目一　掌握制图规范和相应的基本知识	专业班级		姓　名		学　号	

1-1-5　检查图中的尺寸标注,在错误的尺寸标注处打"×"(尺寸单位:mm)。

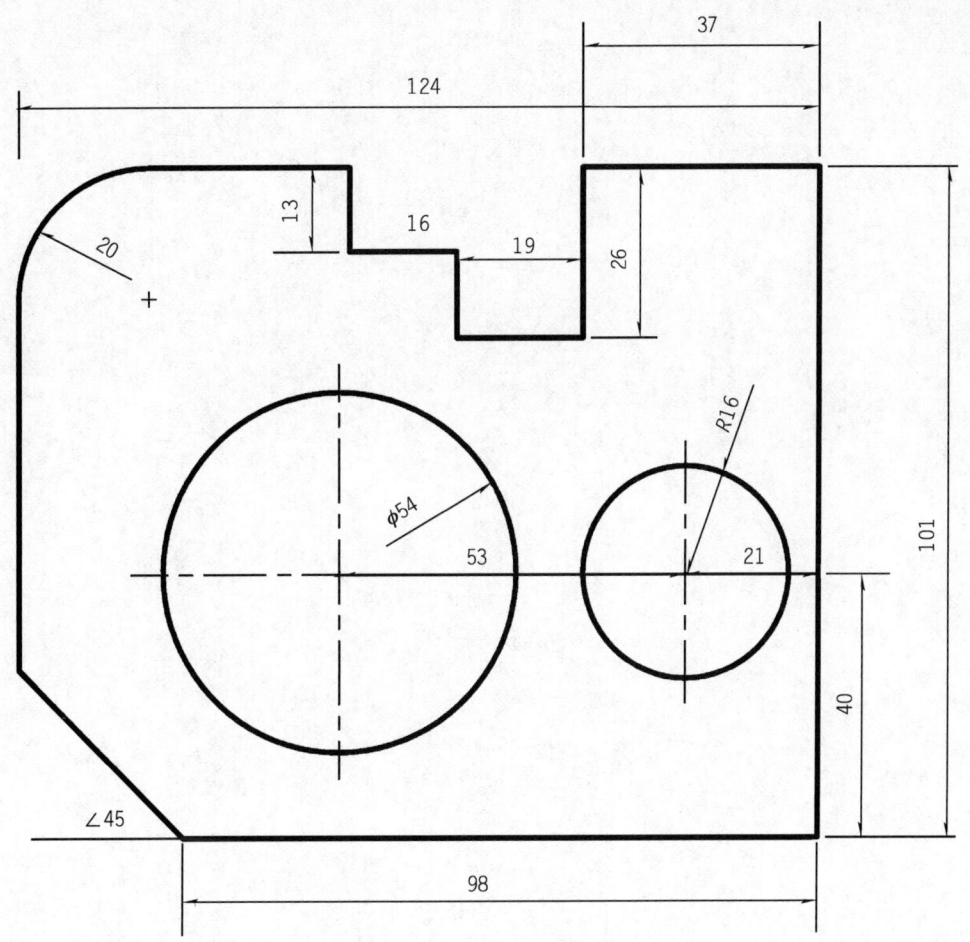

1-1-6　按左侧图示尺寸,补画右侧图线尺寸(尺寸单位:mm)。

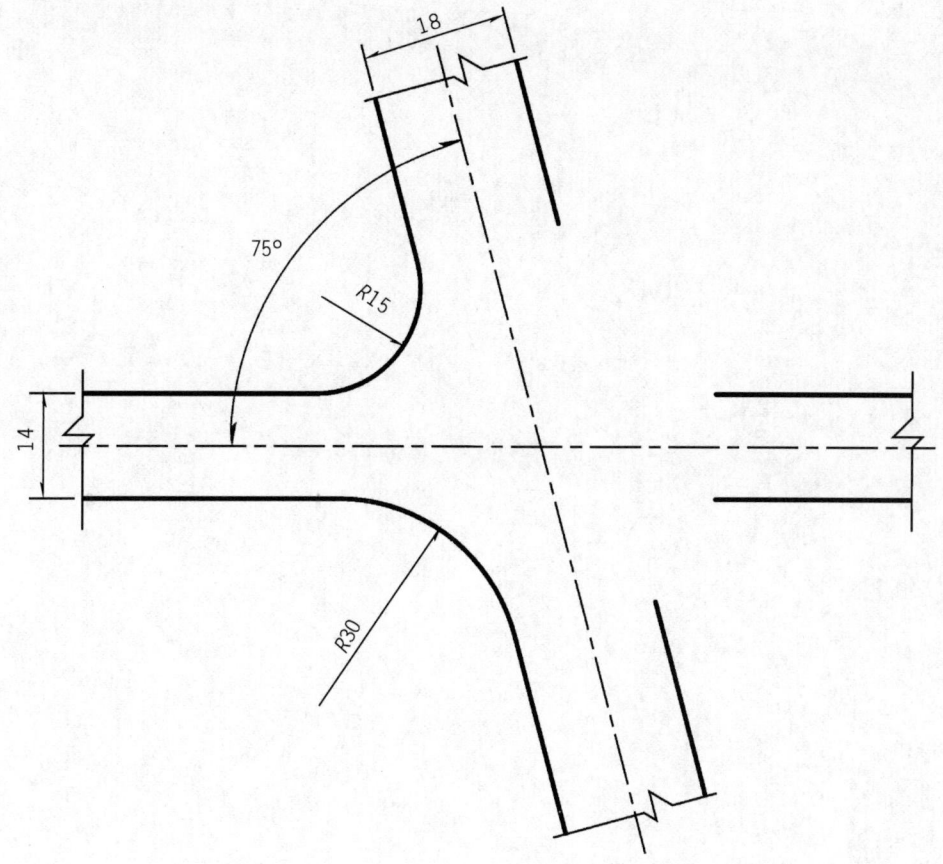

1-2-1　根据形体的立体图和已知的投影图,补画形体的三面投影。

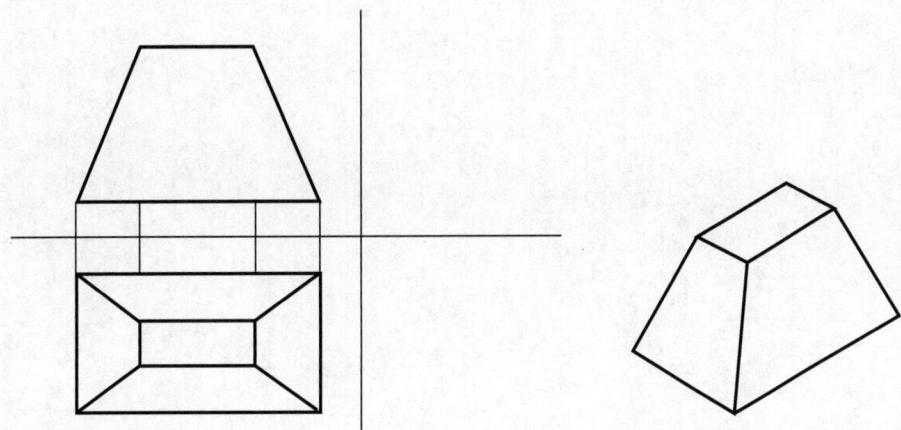

(1)

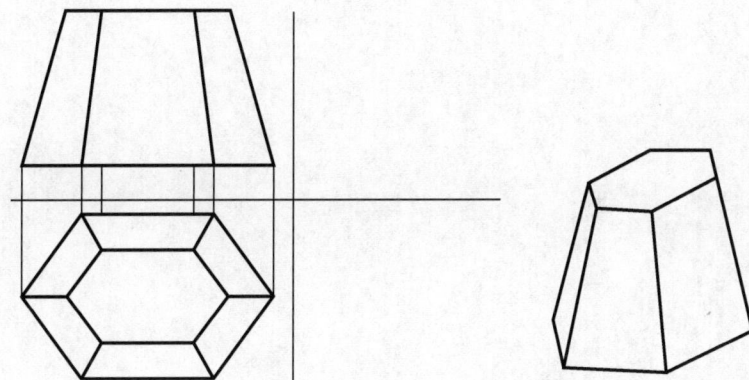

(2)

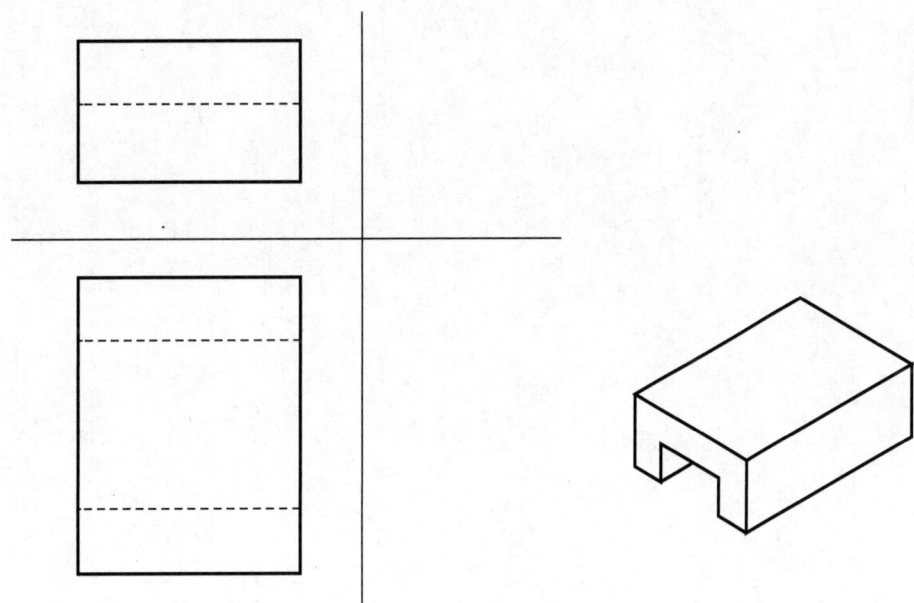

(3)

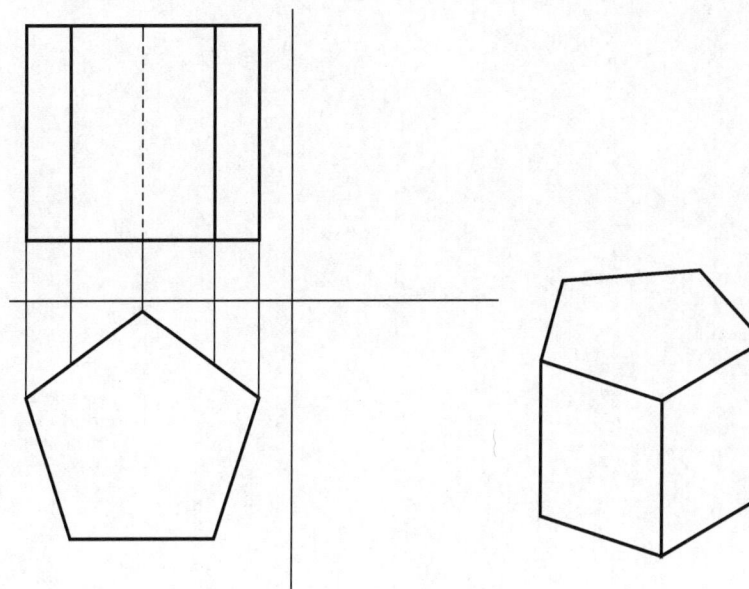

(4)

上交作业……请沿此线剪切

1-2-2 根据形体的立体图,完成形体的三面投影。

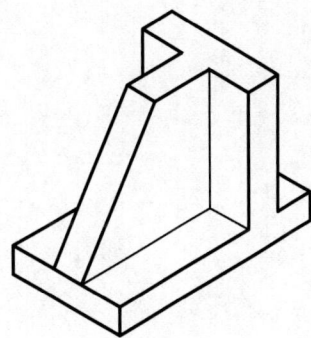

(1)

(2)

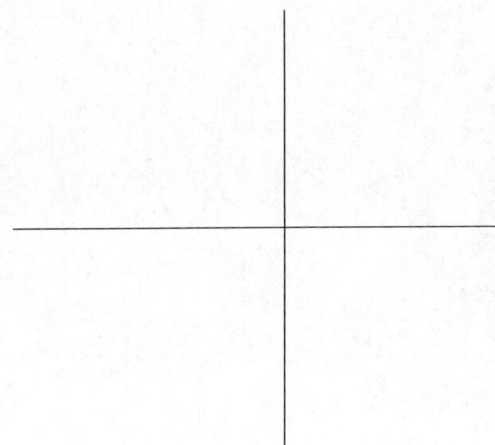

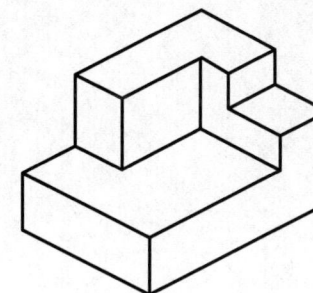

(3)

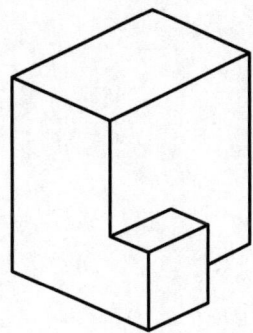

（5）

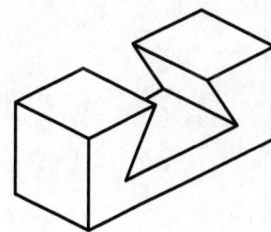

（4）

（6）

| 模块一　掌握制图规范与工程构件的绘制及识读 | 项目二　绘制简单的基本体的三面投影 | 专业班级 | | 姓　名 | | 学　号 | |

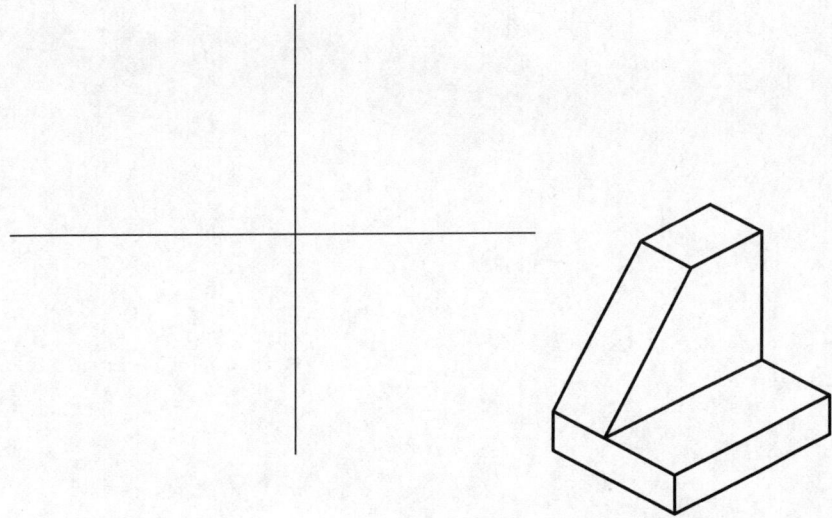

(7)

形体三面投影的作图步骤

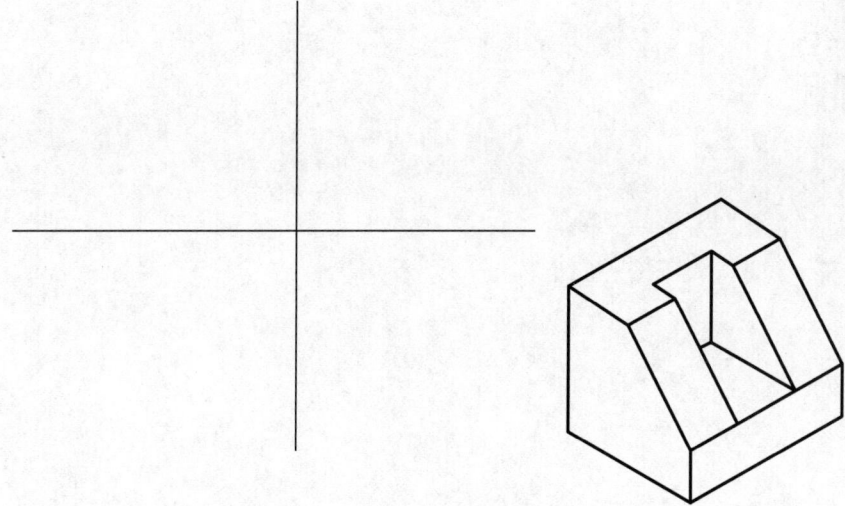

(8)

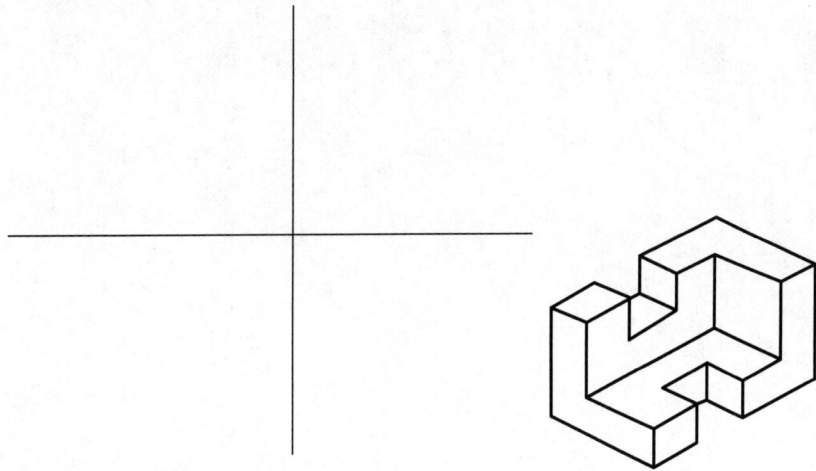

(9)

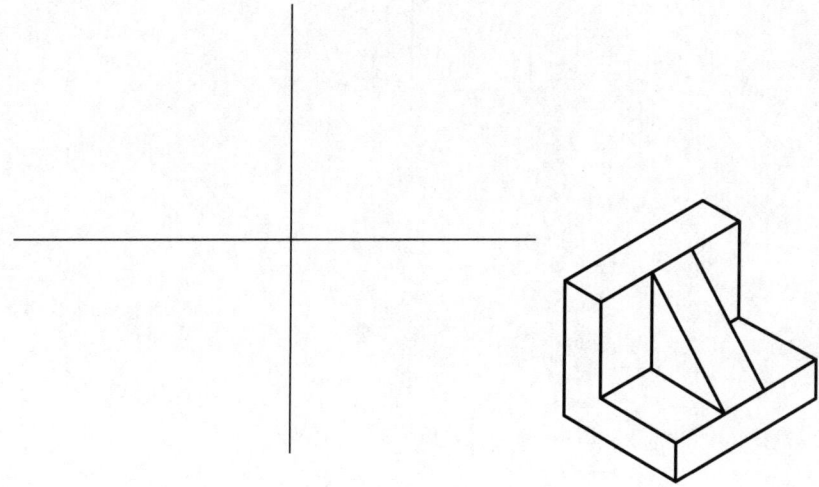

(10)

| 模块一　掌握制图规范与工程构件的绘制及识读 | 项目二　绘制简单的基本体的三面投影 | 专业班级 | | 姓　名 | | 学　号 | |

1-2-3　完成物体的正等轴测投影。

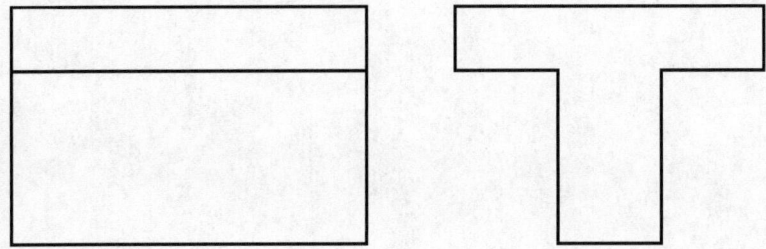

(1)

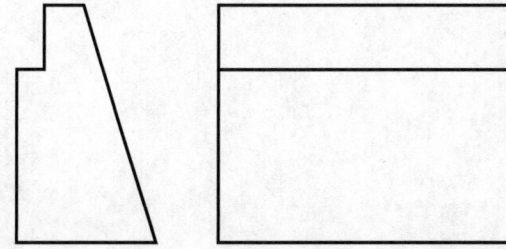

(2)

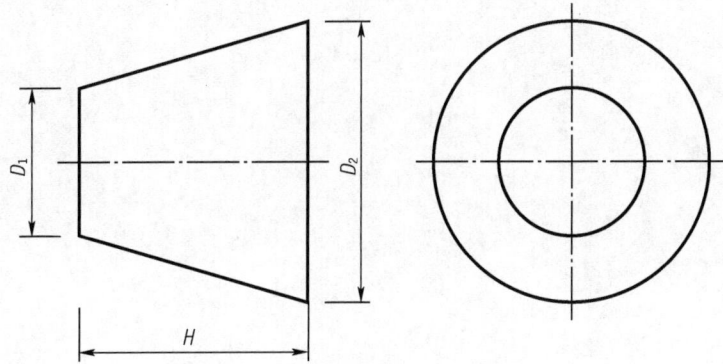

(3)

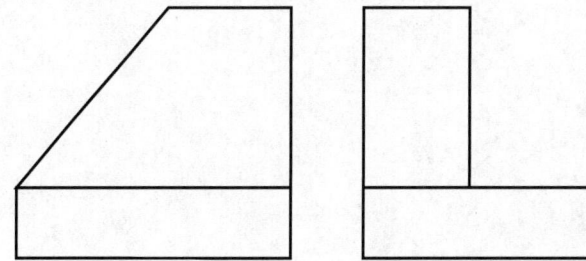

(4)

1-2-4 用简化系数绘制涵洞的斜二测图。

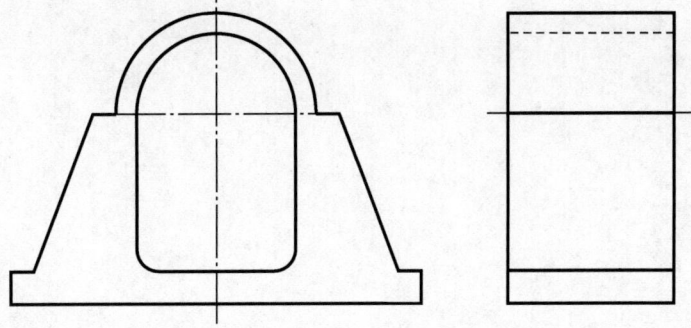

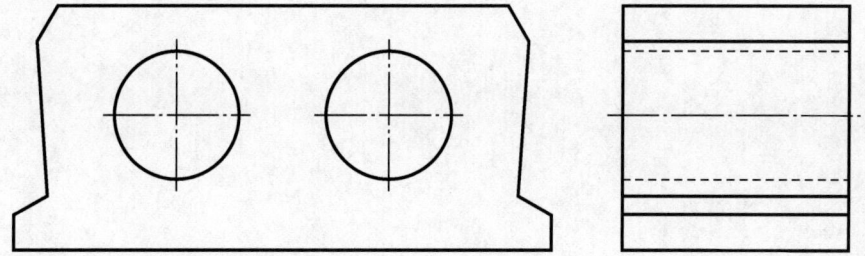

(1)

(2)

模块一 掌握制图规范与工程构件的绘制及识读	项目二 绘制简单的基本体的三面投影	专业班级		姓 名		学 号	

1-3-1 已知下列各点的两面投影，作其第三面投影。

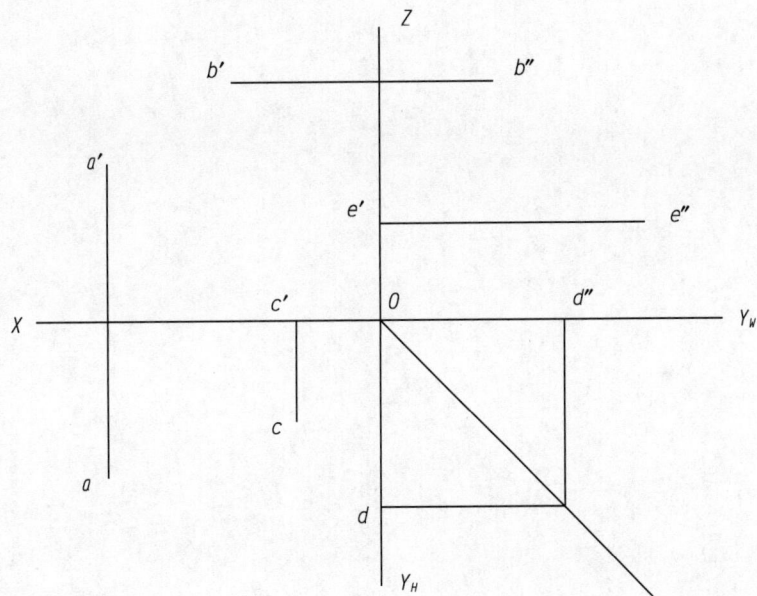

1-3-3 已知 $A(25,30,20)$，$B(30,0,25)$，求作 A、B 两点的三面投影。

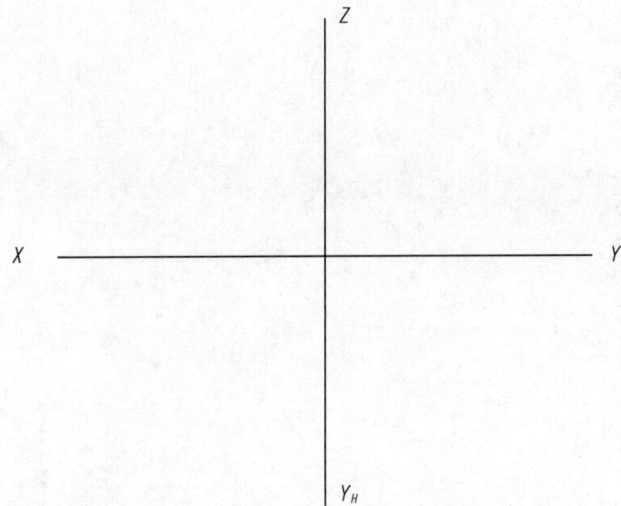

1-3-2 已知点 A 距离 H 面 25mm，距离 W 面 30mm，距离 V 面 20mm；B 点距离 H 面 0mm，距离 V 面 30mm，距离 W 面 35mm，求作 A、B 两点的三面投影。

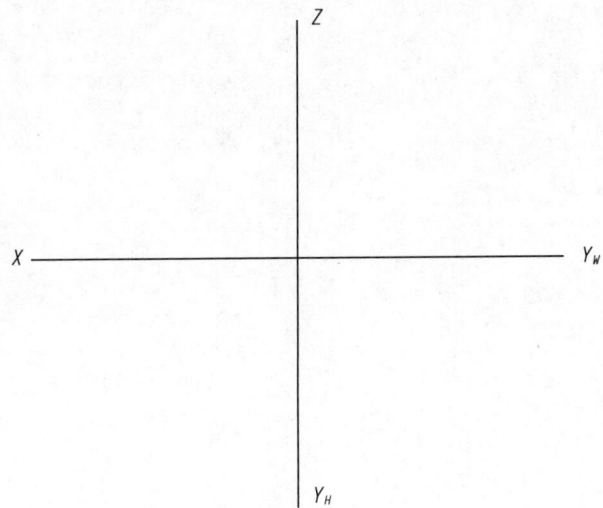

| 模块一　掌握制图规范与工程构件的绘制及识读 | 项目三　绘制基本几何元素的投影 | 专业班级 | | 姓　名 | | 学　号 | |

1-3-4　根据点的立体图,完成其三面投影图。

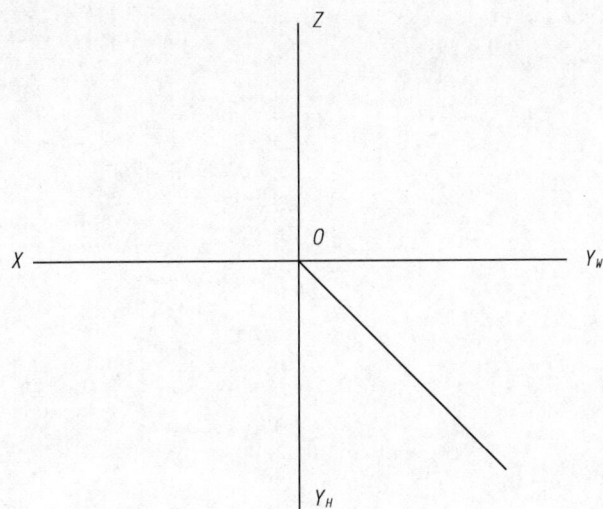

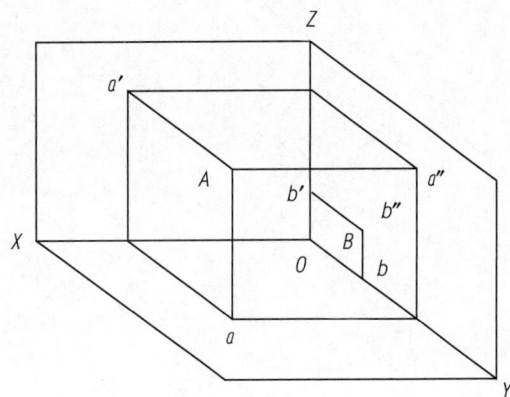

1-3-5　已知 A、B 两点同高,B 点在 A 点左 10mm,A 点距 V 面的距离为 15mm,B 点距 V 面的距离为 20mm,求 A、B 两点的三面投影。

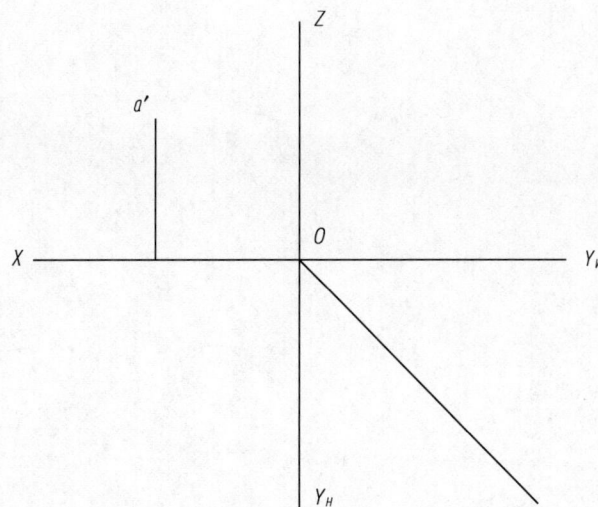

1-3-6　过 A 点作正垂线 AB,AB 长为 25mm,B 点在 A 点前方 5mm;过 C 点作正平线 CD,CD 长为 25mm,D 点比 C 点高 10mm,D 点在 C 点左侧。

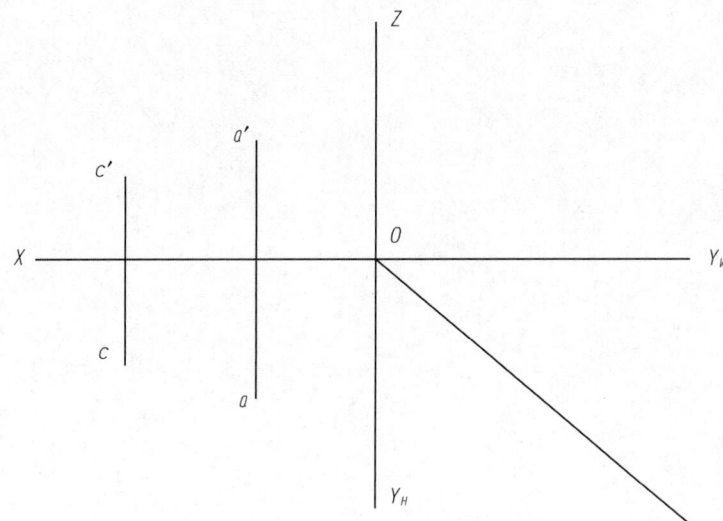

模块一　掌握制图规范与工程构件的绘制及识读	项目三　绘制基本几何元素的投影	专业班级		姓　名		学　号	

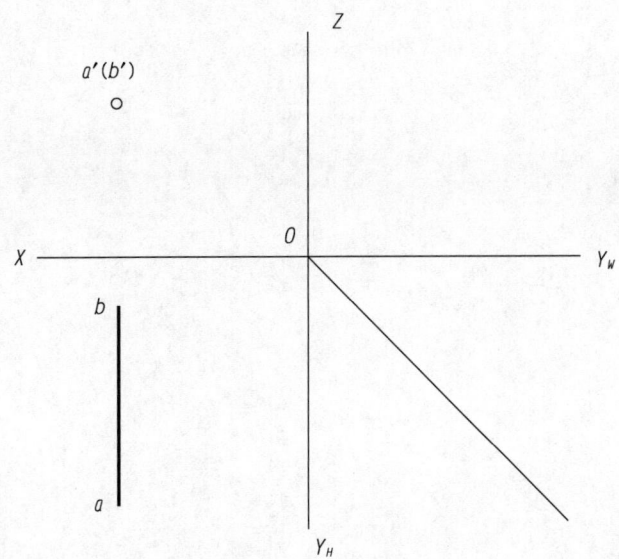

_____线

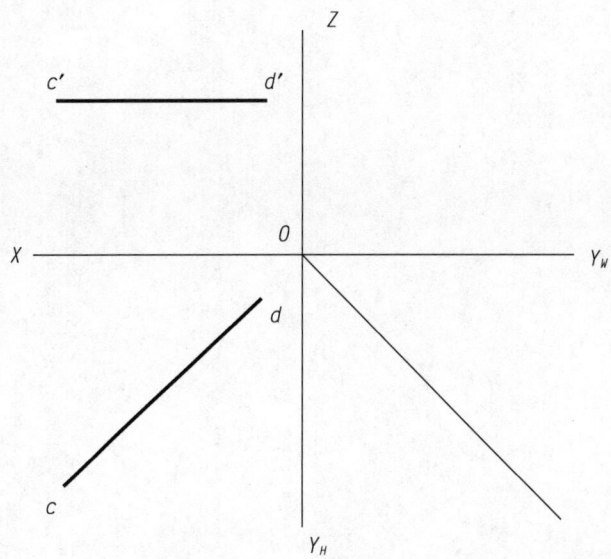

_____线

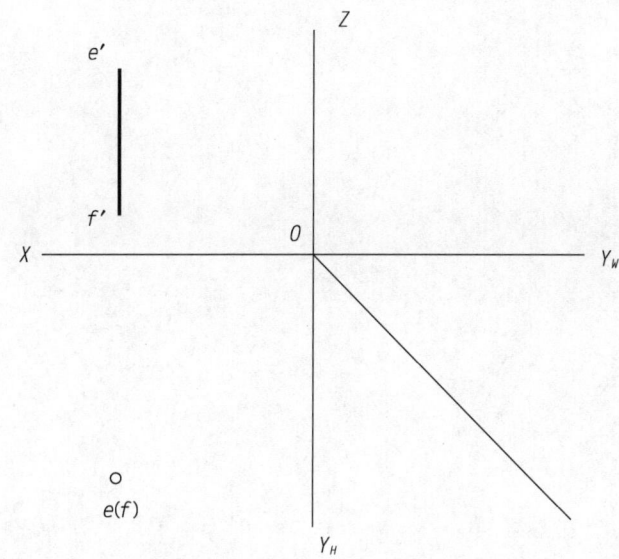

_____线

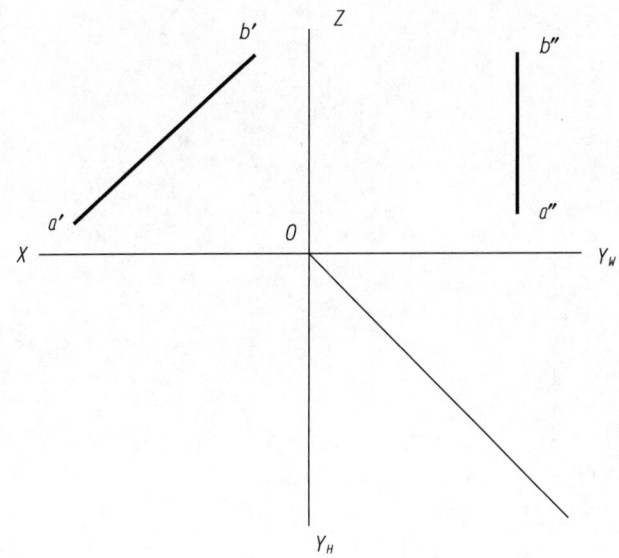

_____线

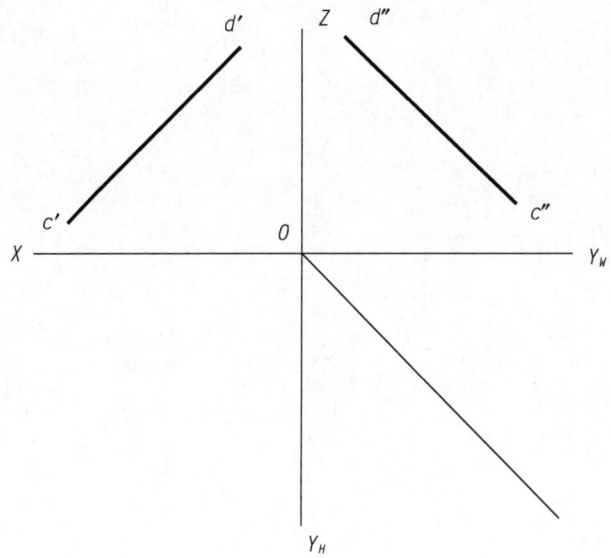

_____线

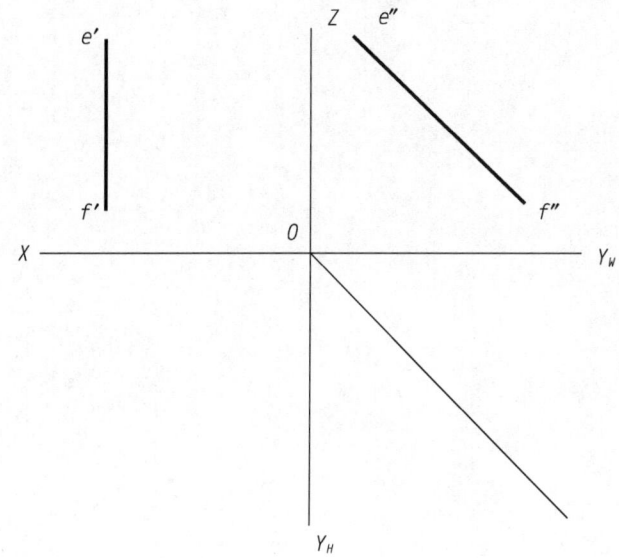

_____线

1-3-8 已知侧平线 AB 的实长是 30mm,与 V 面的倾角是 30°,B 在 A 后上方,求 AB 的三面投影。

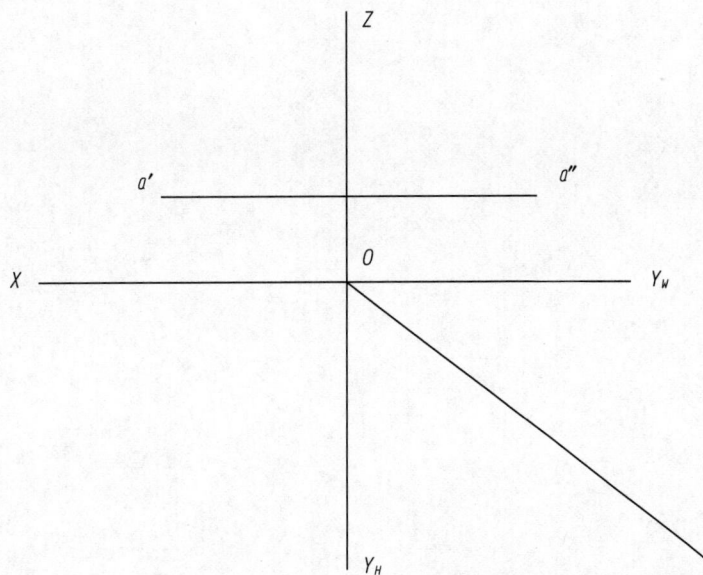

1-3-9 已知水平线 AB 的 H 面投影,且 AB 距 H 面 25mm,补全 AB 的三面投影。

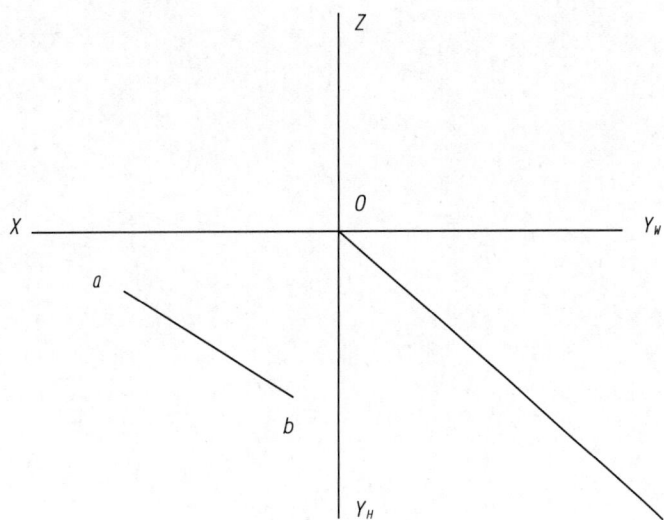

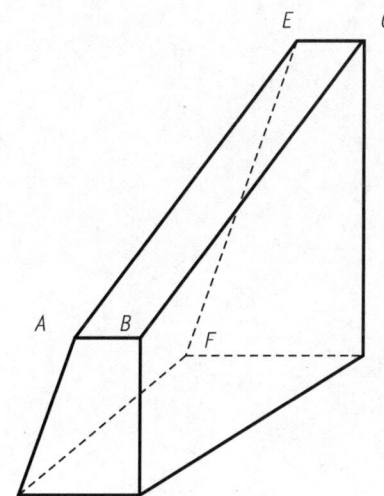

1-3-10 在物体的三面投影中,标出直线 AB、CD、EF 的三面投影,并判断它们与投影面的相对位置。

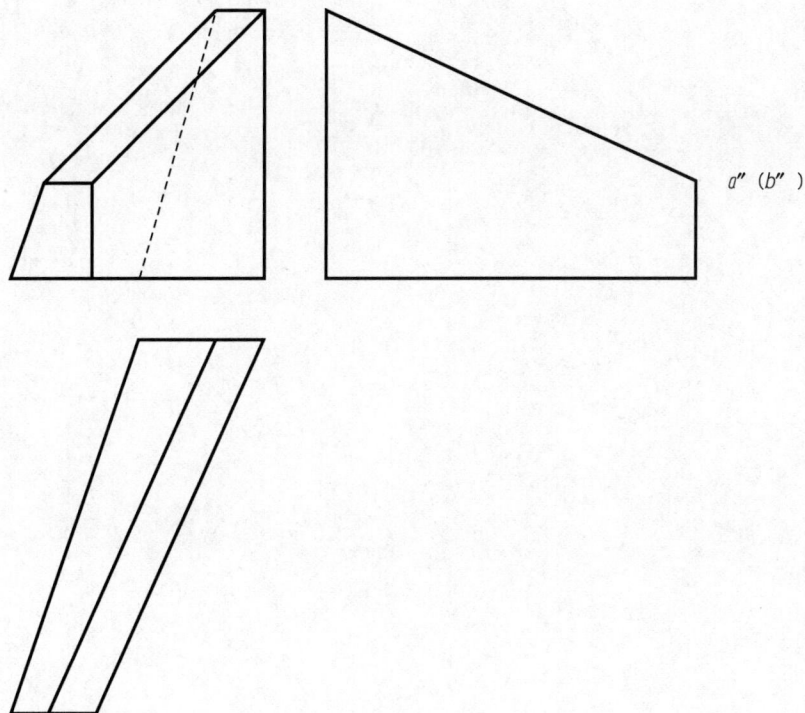

模块一 掌握制图规范与工程构件的绘制及识读	项目三 绘制基本几何元素的投影	专业班级		姓 名		学 号	

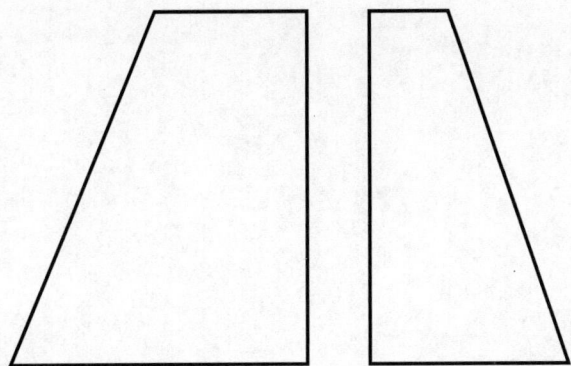

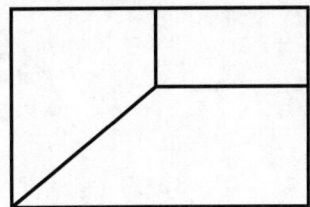

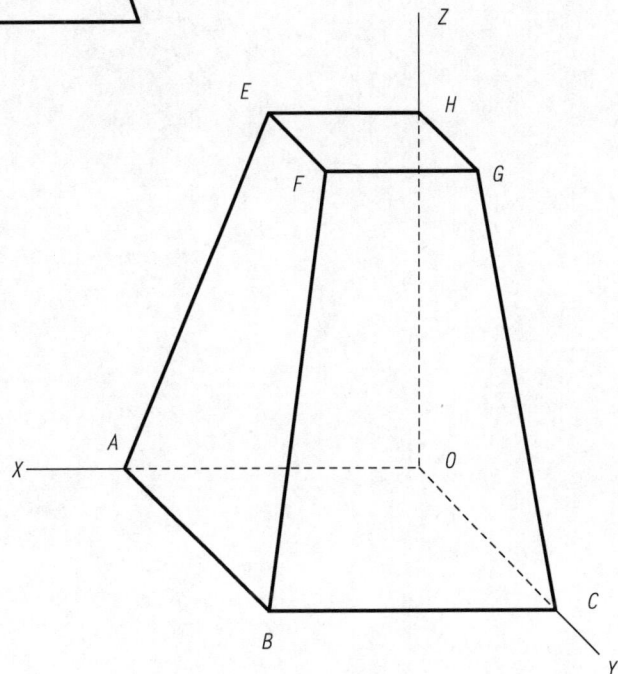

AE 是＿＿＿＿线　　　　GC 是＿＿＿＿线　　　　HC 是＿＿＿＿线

FG 是＿＿＿＿线　　　　HO 是＿＿＿＿线　　　　FB 是＿＿＿＿线

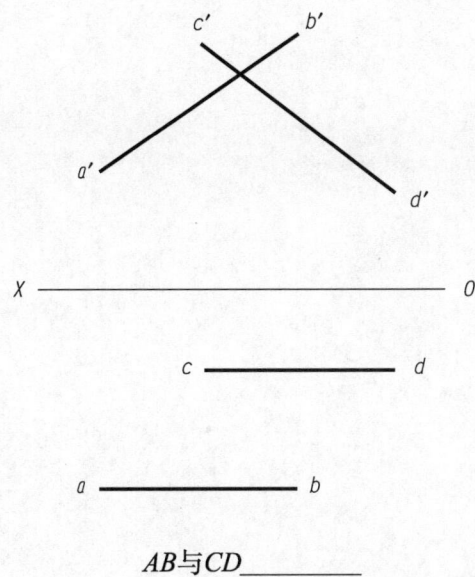

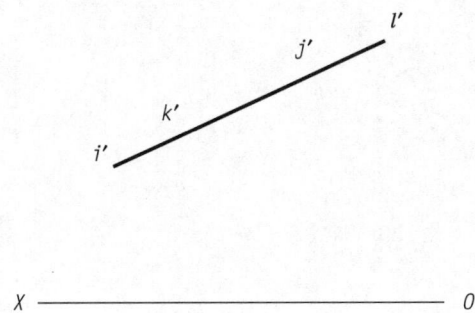

AB与CD＿＿＿＿＿＿＿

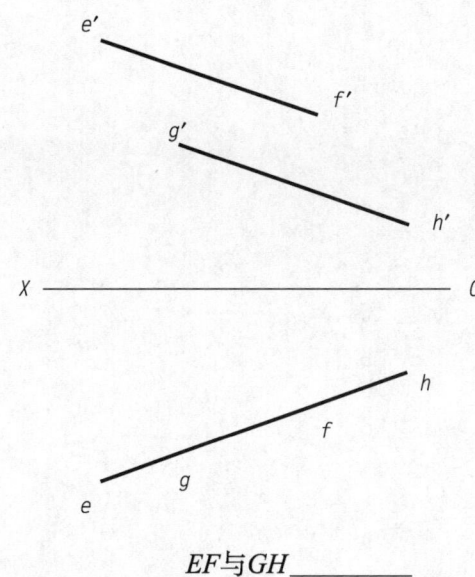

EF与GH＿＿＿＿＿＿＿

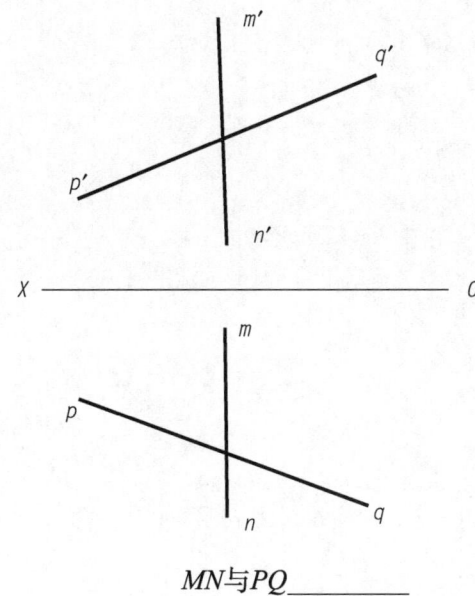

IJ与KL＿＿＿＿＿＿＿

MN与PQ＿＿＿＿＿＿＿

模块一　掌握制图规范与工程构件的绘制及识读	项目三　绘制基本几何元素的投影	专业班级		姓　名		学　号	

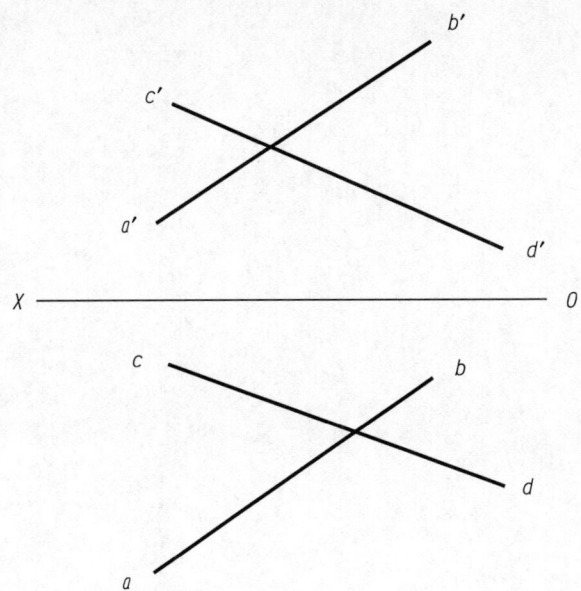

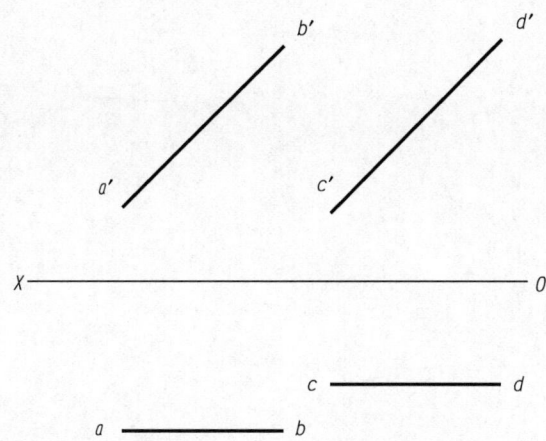

*AB*与*CD* _____

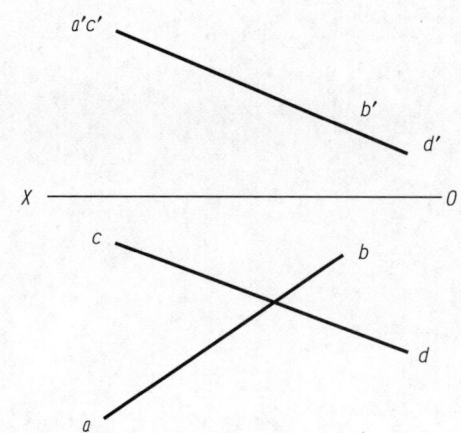

*AB*与*CD* _____

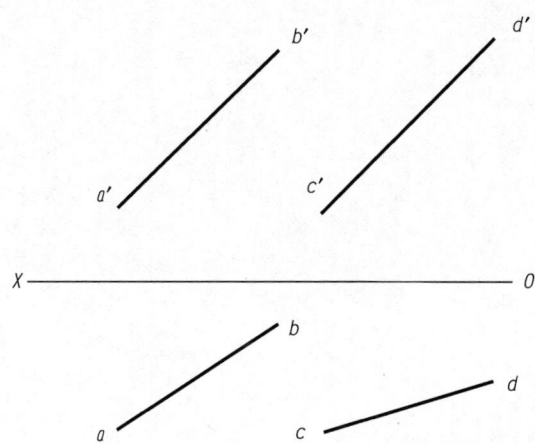

*AB*与*CD* _____

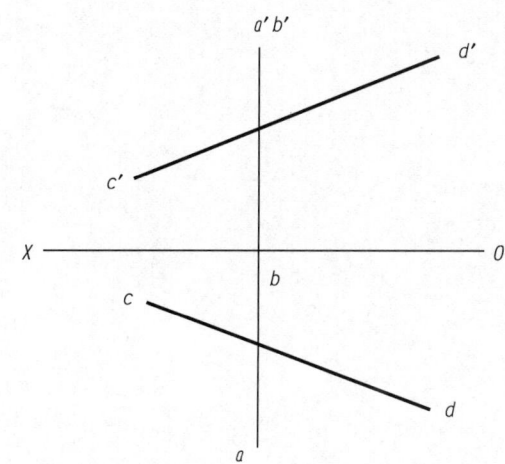

*AB*与*CD* _____

1-3-15 在物体的三面投影中，标出直线 AB、CD、EF 的三面投影，并判断它们与投影面的相对位置。

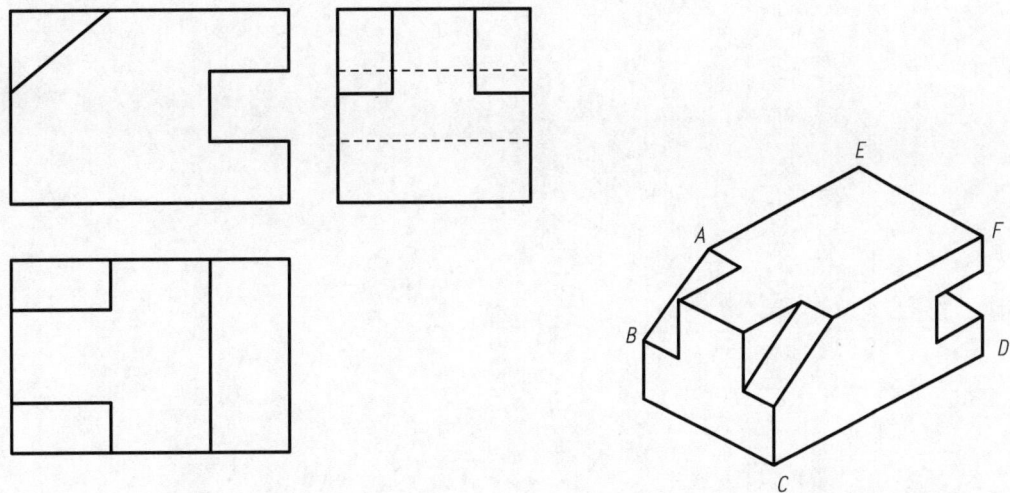

1-3-16 已知 A(35,15,10)，B(15,10,25)，C(5,25,15)，试完成 △ABC 的三面投影（尺寸单位：mm）。

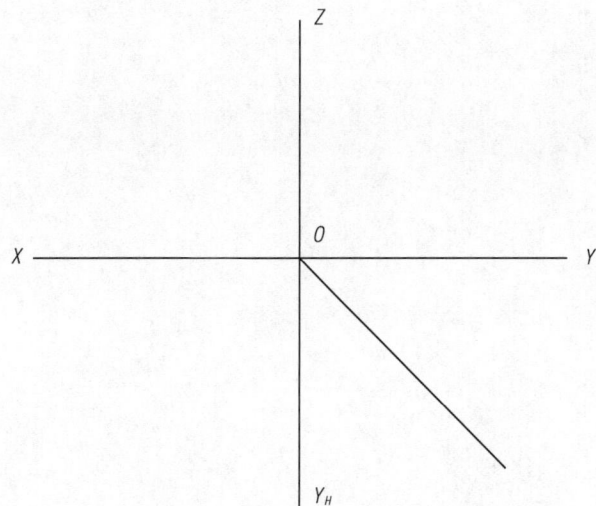

1-3-17 求三棱锥的 SA、SB、SC 棱线上的 1、2、3 三点的三面投影。

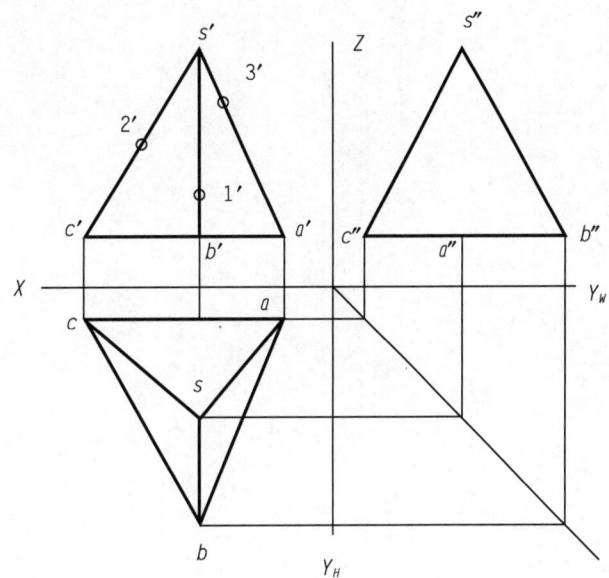

1-3-18 试完成题 1-3-16 中 △ABC 的立体图。

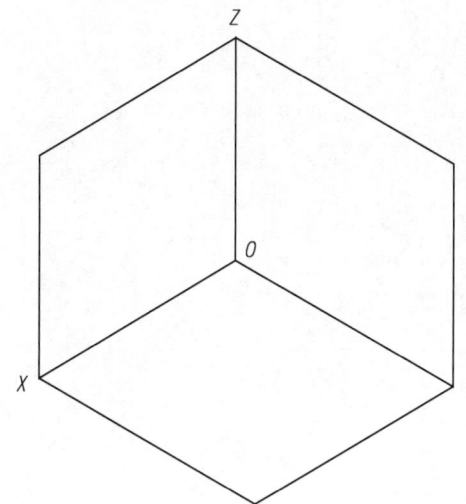

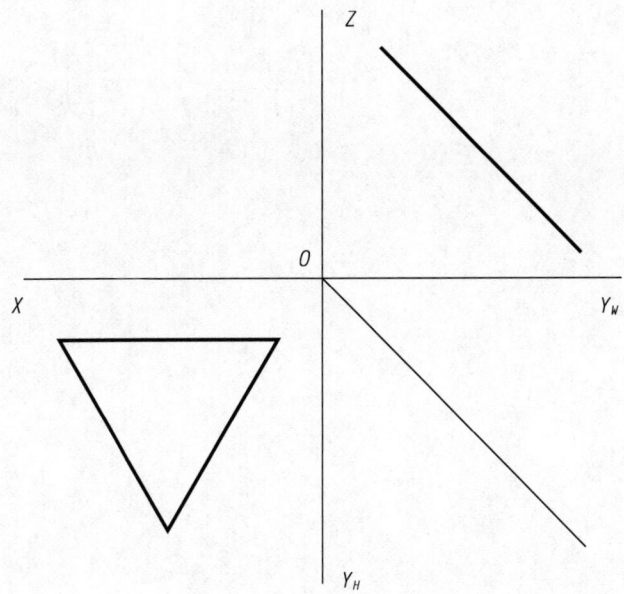

_____面 (1)

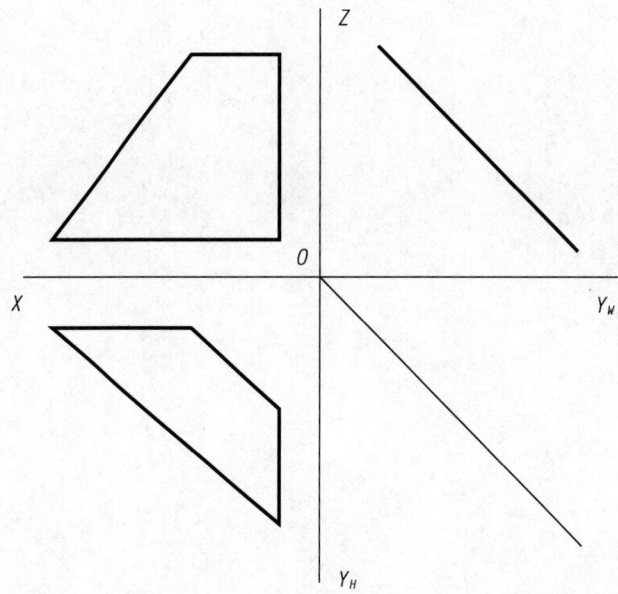

_____面 (2)

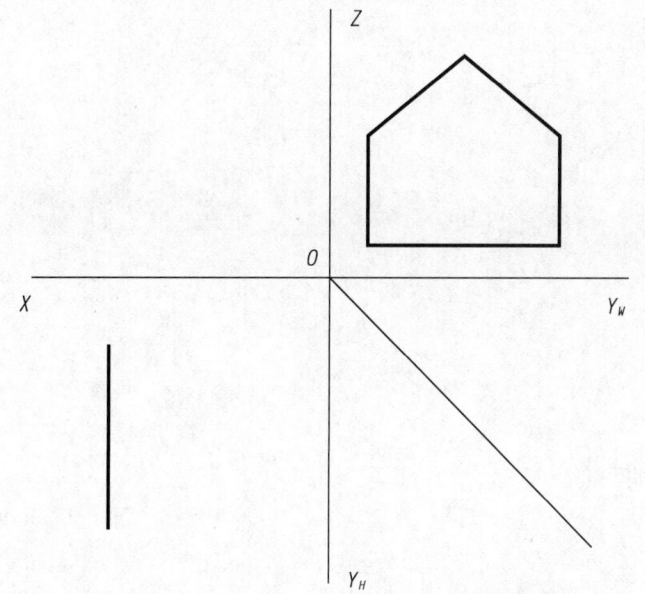

_____面 (3)

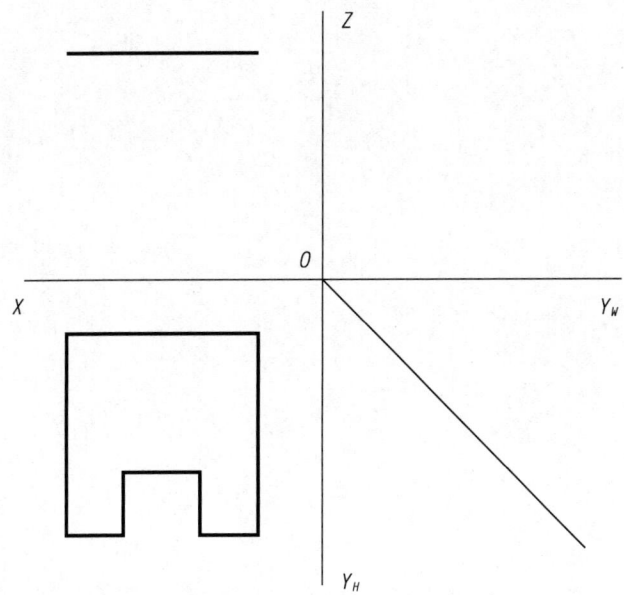

_____面 (4)

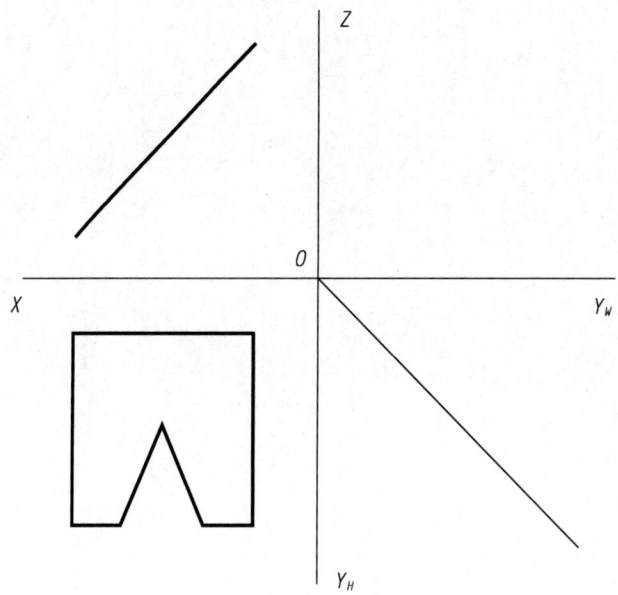

_____面 (5)

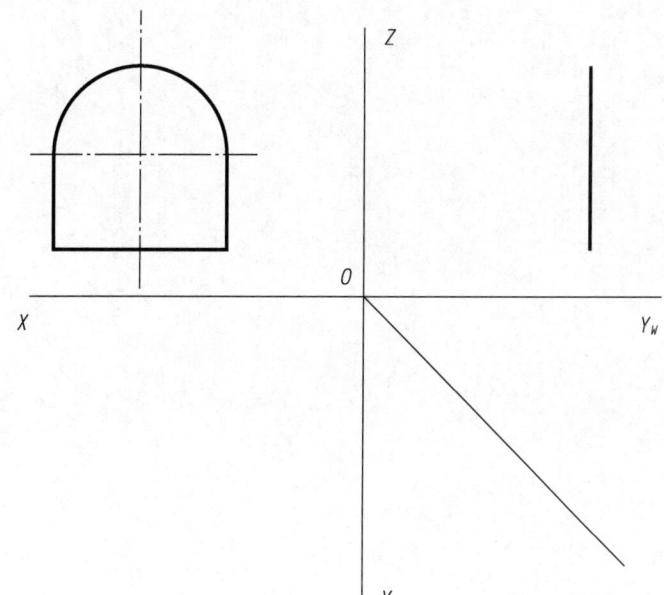

_____面 (6)

| 模块一 掌握制图规范与工程构件的绘制及识读 | 项目三 绘制基本几何元素的投影 | 专业班级 | | 姓名 | | 学号 | |

1-3-20 完成下列正垂面的 *W* 面投影。

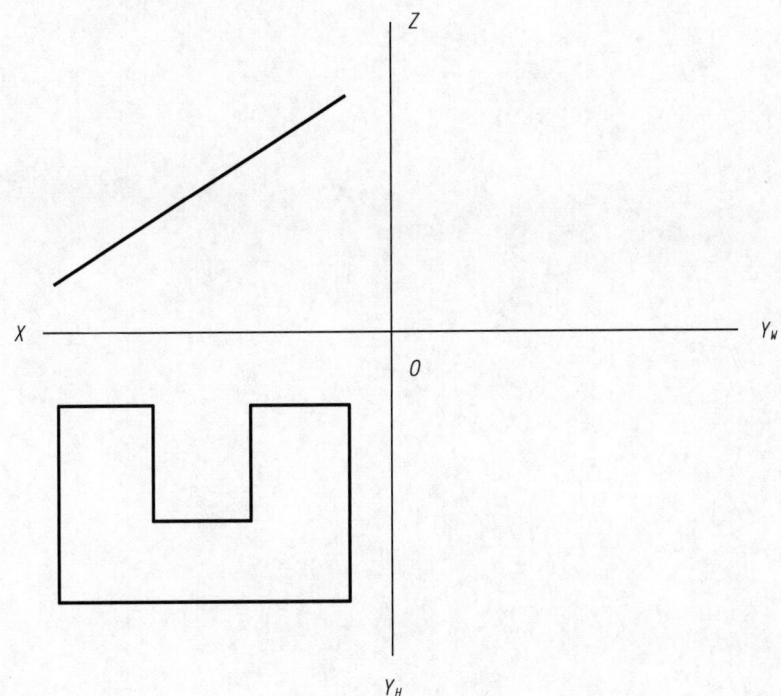

1-3-21 标出 *Q*、*R* 平面的投影,并判断它们与投影面的相对位置,写在空白处。

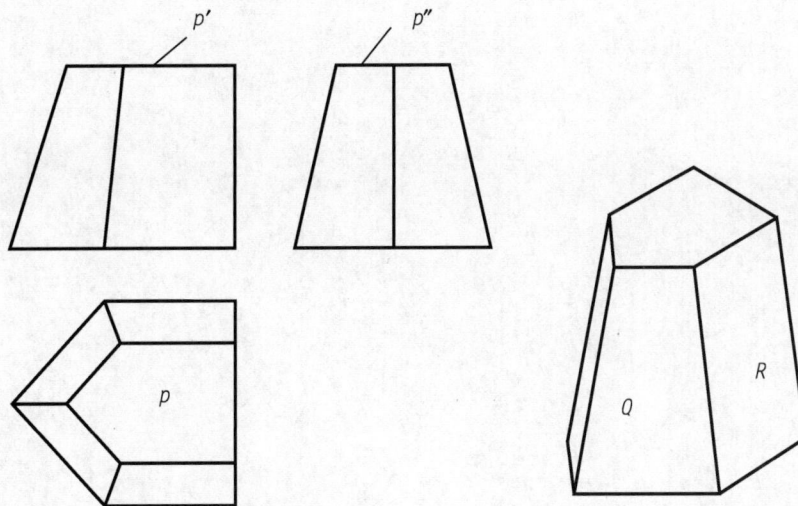

1-3-22 根据翼墙的立体图完成其立面投影,并标出 *ABEF*、*BCGE*、*CDHG* 平面的投影,判断它们与投影面的相对位置,写在空白处。

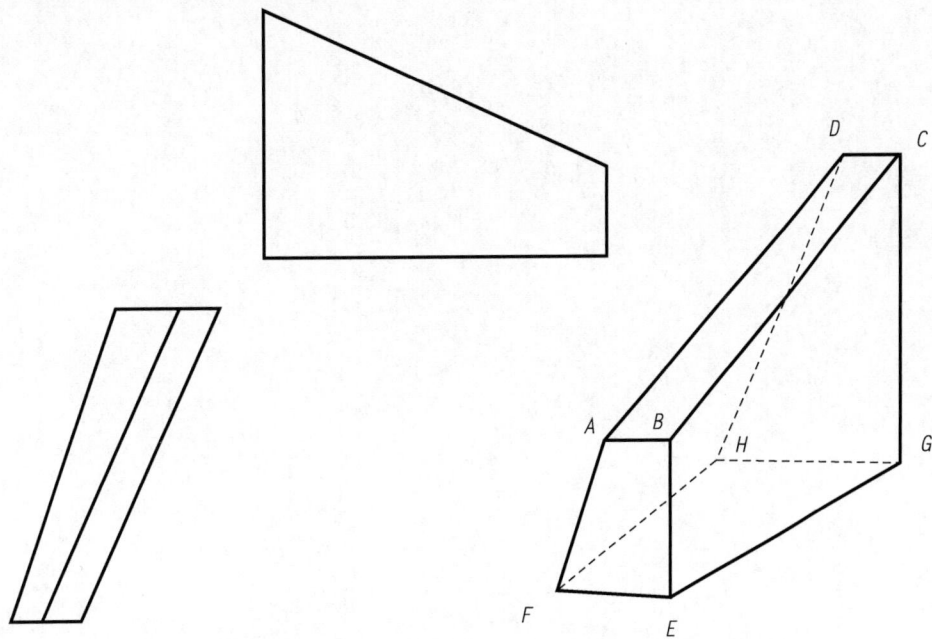

1-3-23 已知 *M*、*N* 两点在 *ABC* 平面上,补求它们的第二个投影。

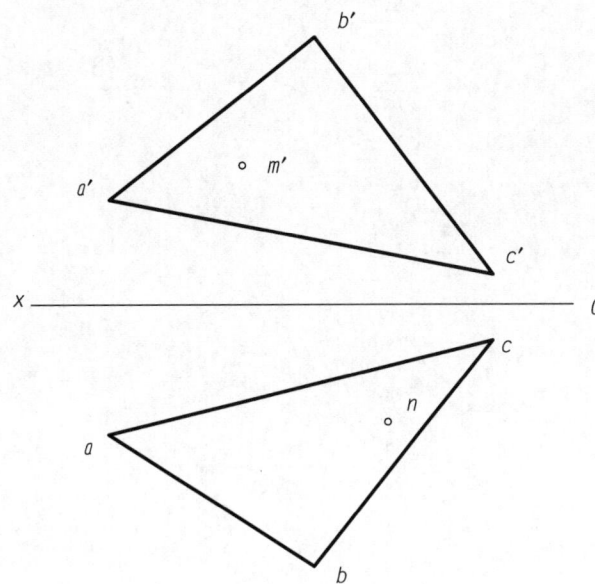

| 模块一 掌握制图规范与工程构件的绘制及识读 | 项目三 绘制基本几何元素的投影 | 专业班级 | | 姓 名 | | 学 号 | |

18

1-3-24 完成平面 *ABCDE* 的水平投影。

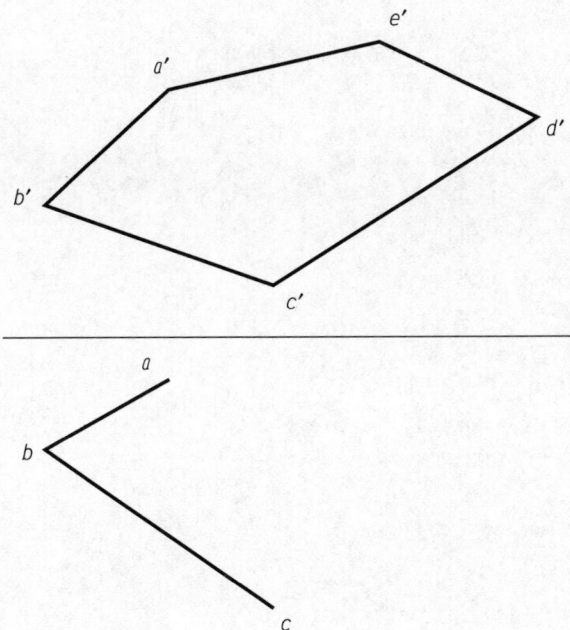

1-3-25 判别 *M*、*N* 两点是否在 *ABC* 平面上？

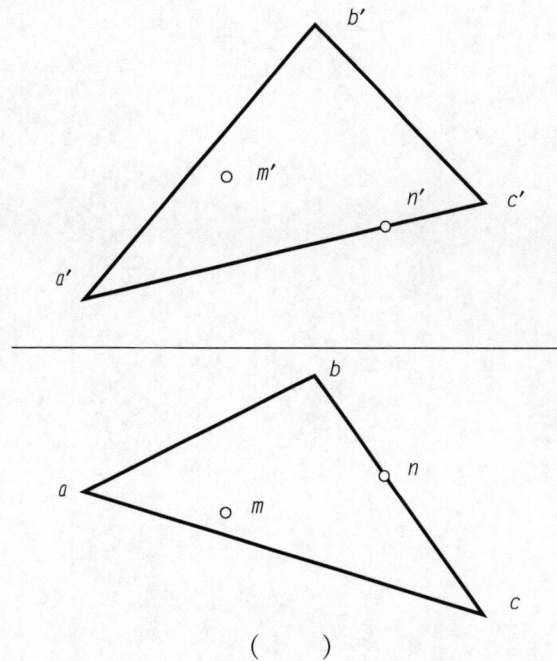

（　　）

1-3-26 判别两已知平面是否平行？

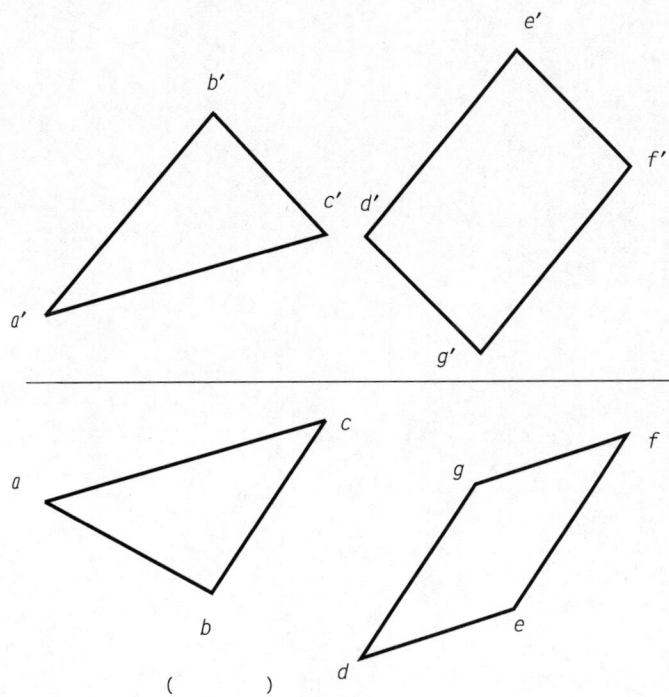

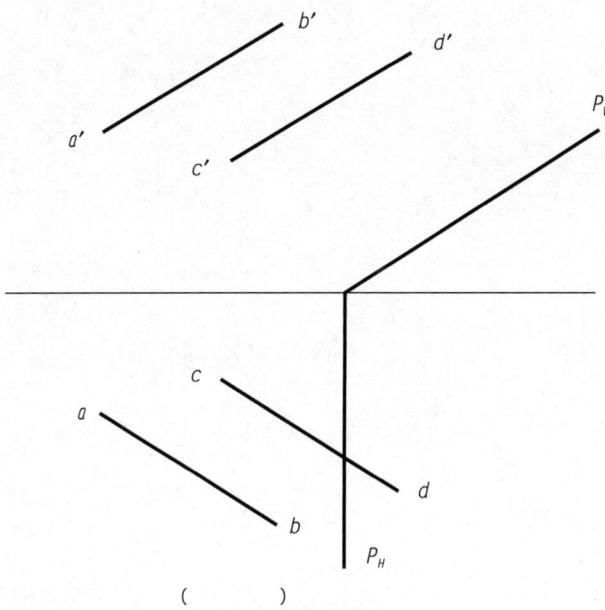

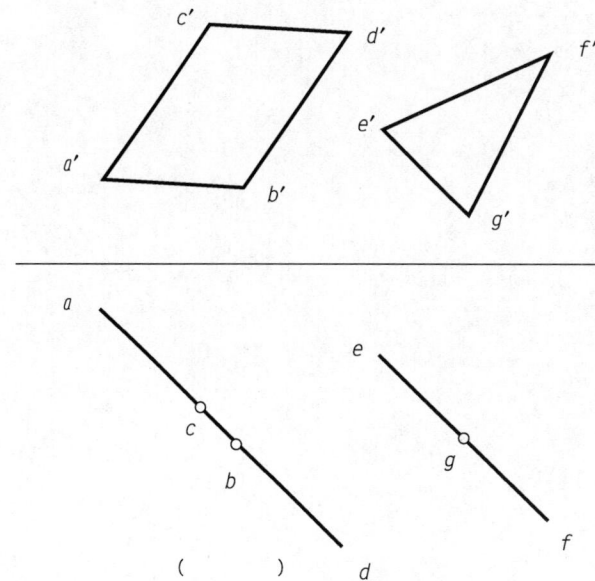

（　　）　　　　　（　　）　　　　　（　　）

模块一　掌握制图规范与工程构件的绘制及识读	项目三　绘制基本几何元素的投影	专业班级		姓　名		学　号	

1-3-27 判别直线与平面、平面与平面是否平行？

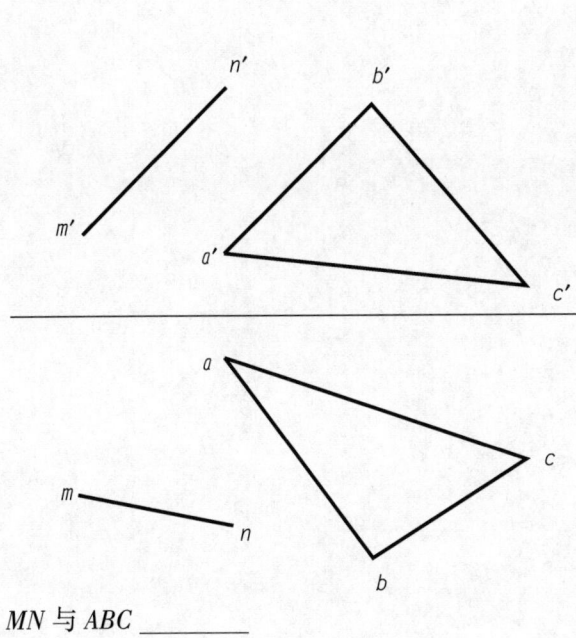

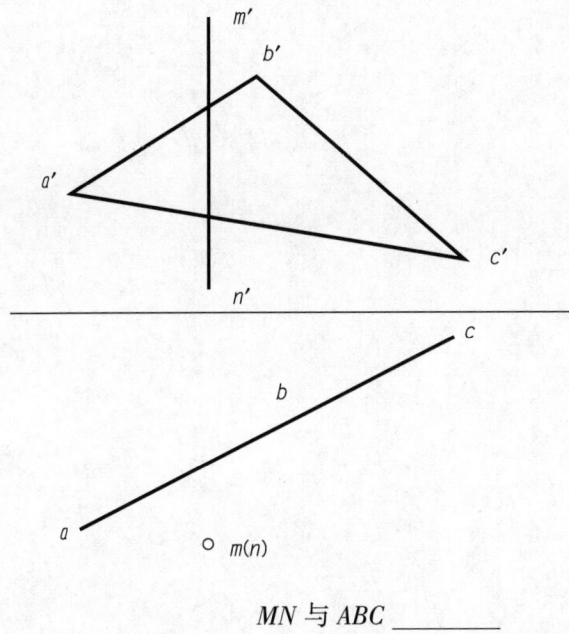

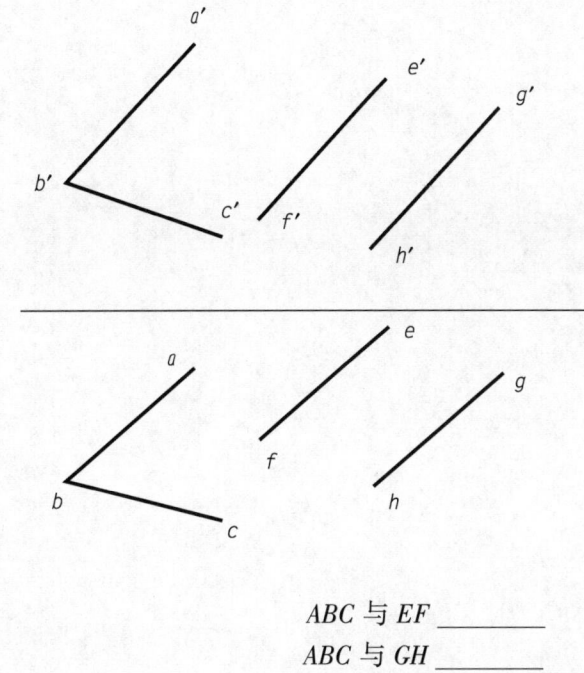

MN 与 ABC _____

MN 与 ABC _____

ABC 与 EF _____

ABC 与 GH _____

1-3-28 过点 M 作水平线与平面 ABC 平行。

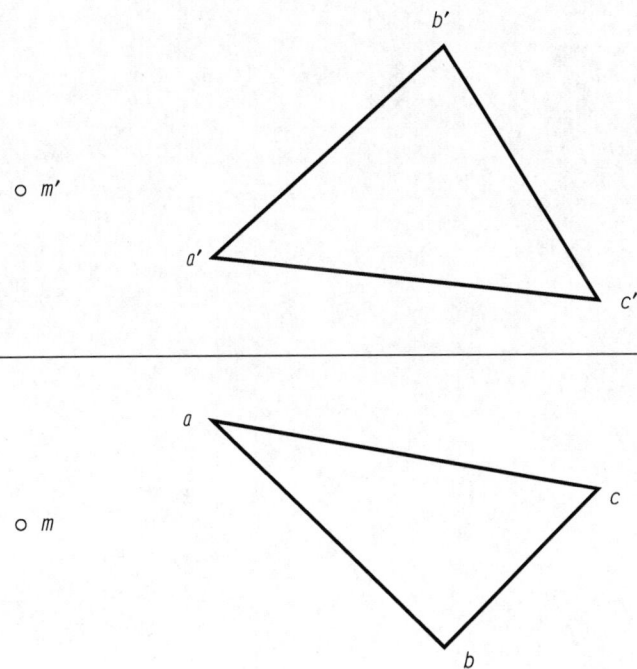

1-3-29 过直线 AB 作平面与直线 MN 平行。

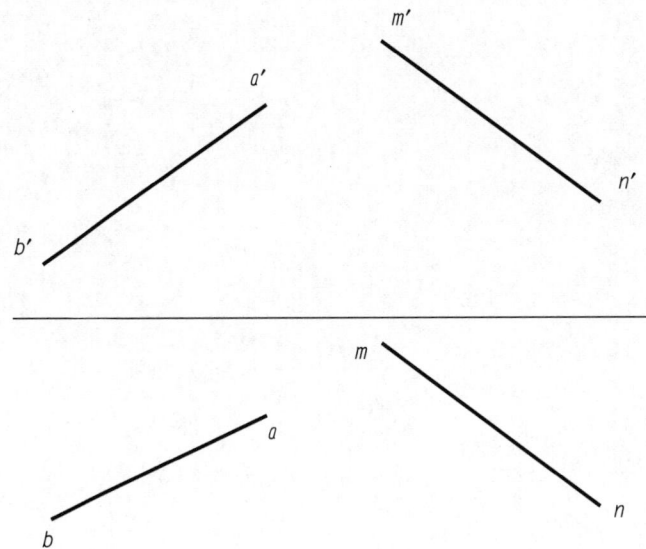

1-3-30 过点 M 作平面与直线 AB、CD 都平行。

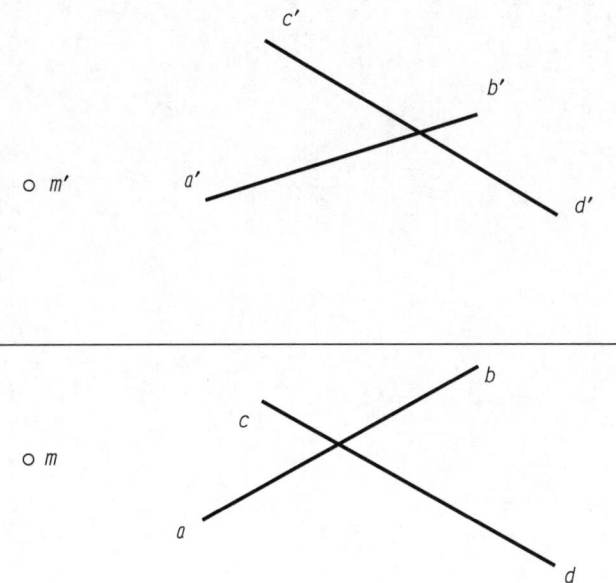

1-3-31 求直线与平面的交点 *K*,并判断可见性,填写在空白处。

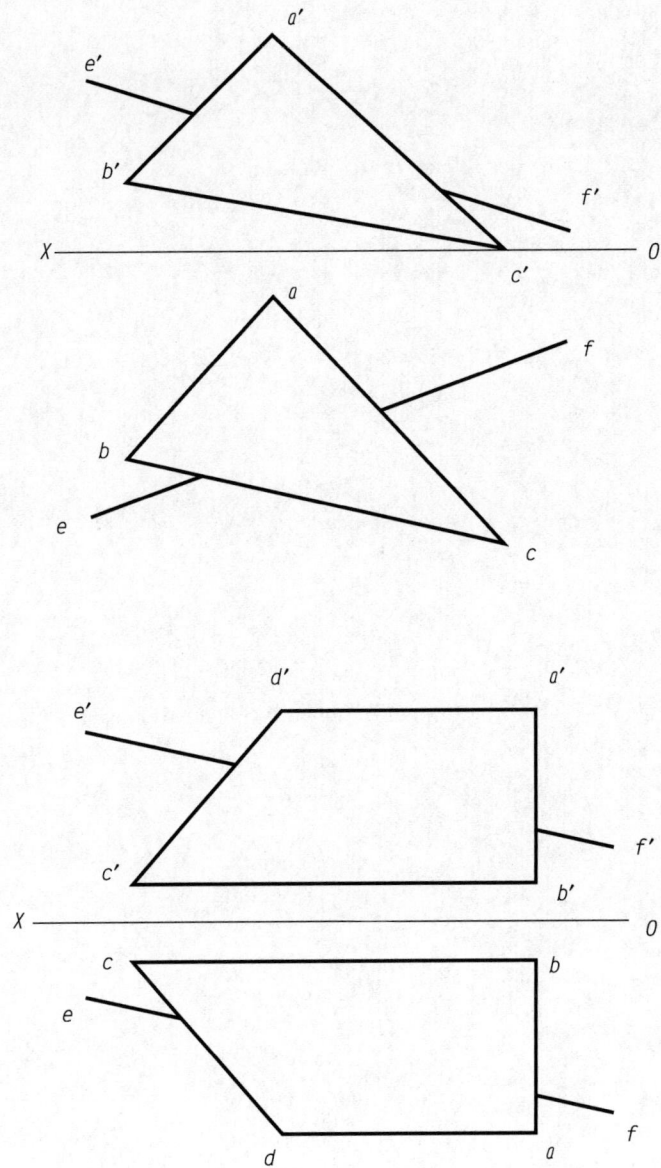

1-3-32 求两平面的交线并判断可见性。

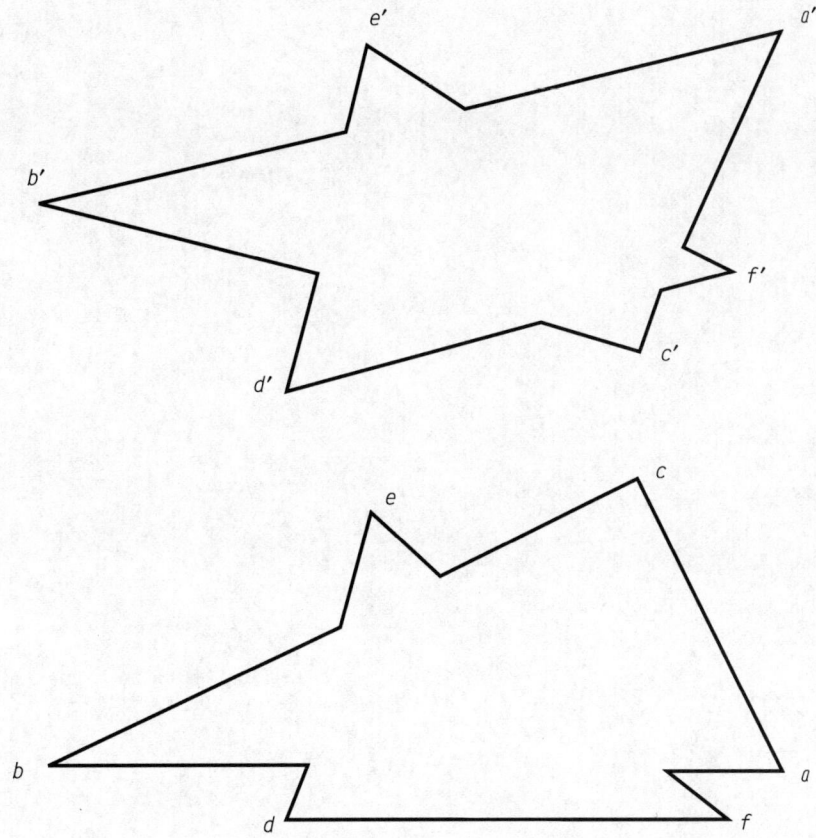

1-3-33　补全带切口五棱柱的三面投影。

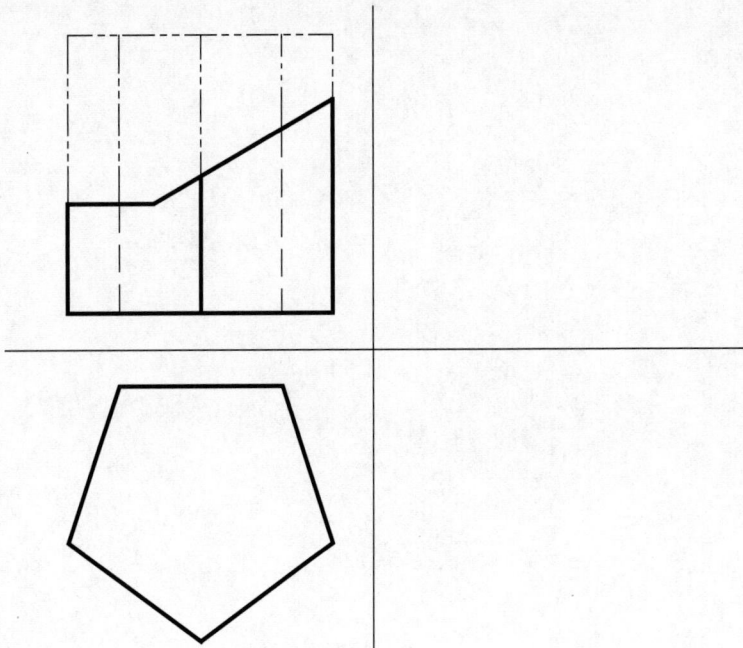

1-3-34　补全带切口四棱柱的三面投影。

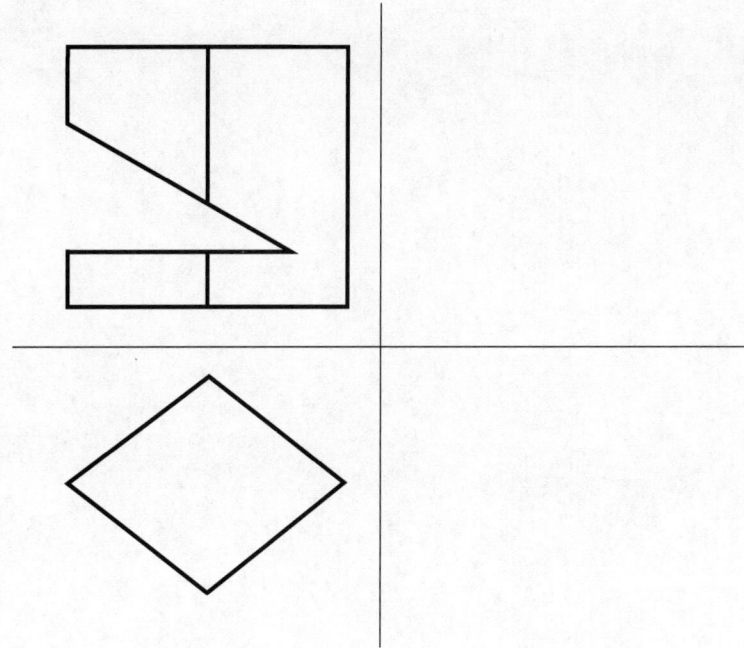

1-3-35 补全带切口四棱锥的三面投影。

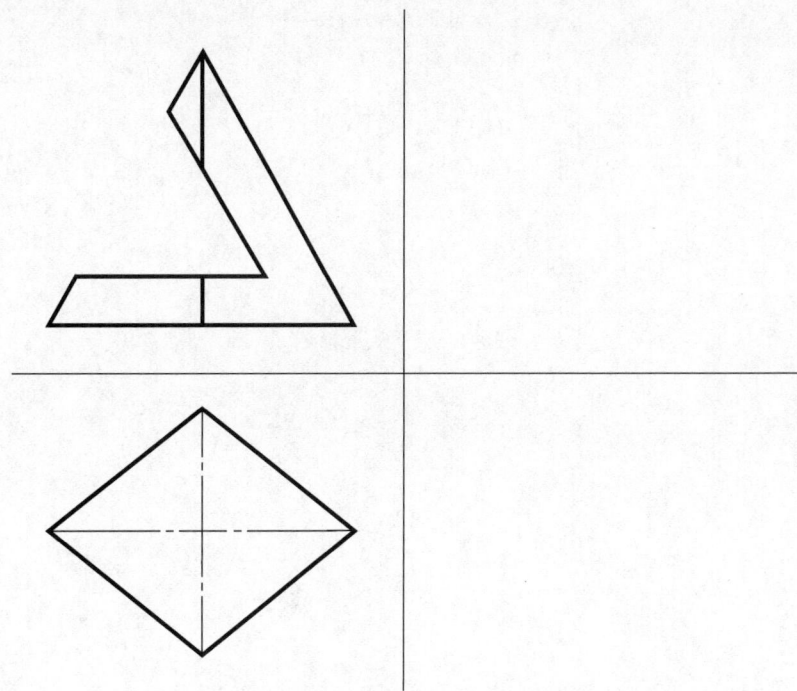

1-3-36 补全带切口圆柱的 W 面投影。

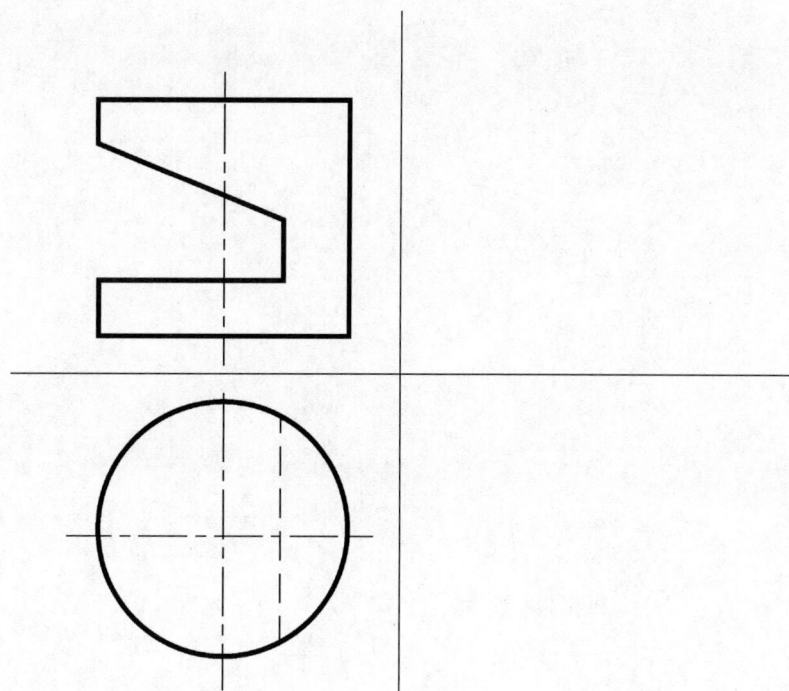

上交作业……请沿此线剪切

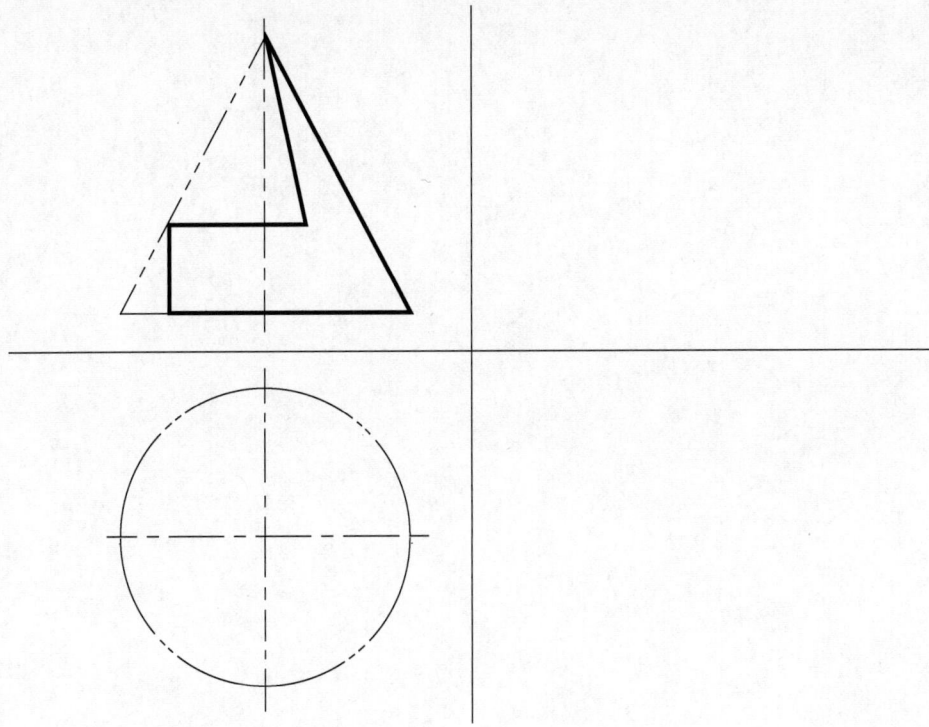

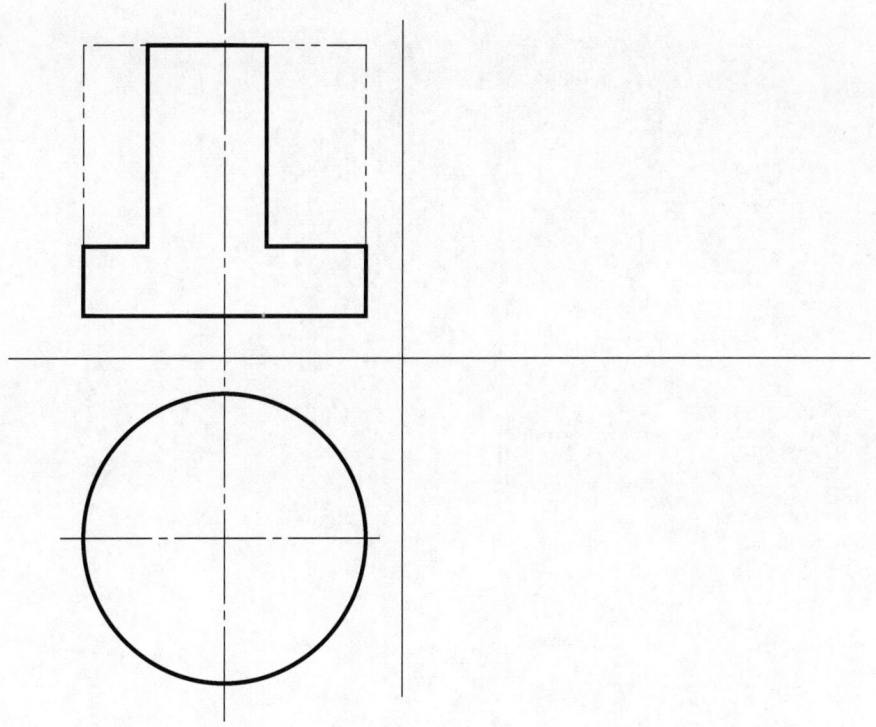

| 模块一 掌握制图规范与工程构件的绘制及识读 | 项目三 绘制基本几何元素的投影 | 专业班级 | | 姓 名 | | 学 号 | |

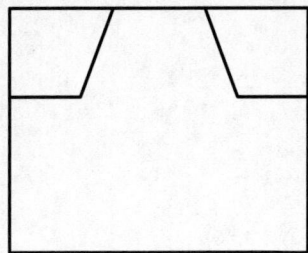

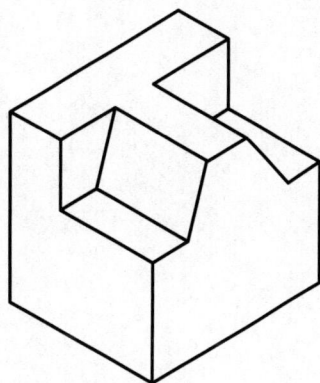

(1)

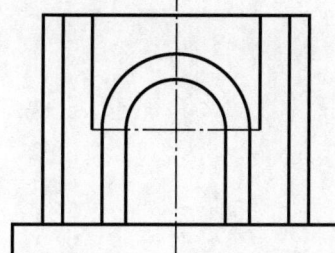

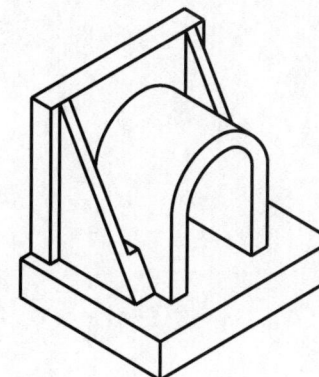

(2)

模块一 掌握制图规范与工程构件的绘制及识读	项目四 绘制工程结构物的投影与剖面、断面图	专业班级		姓 名		学 号	

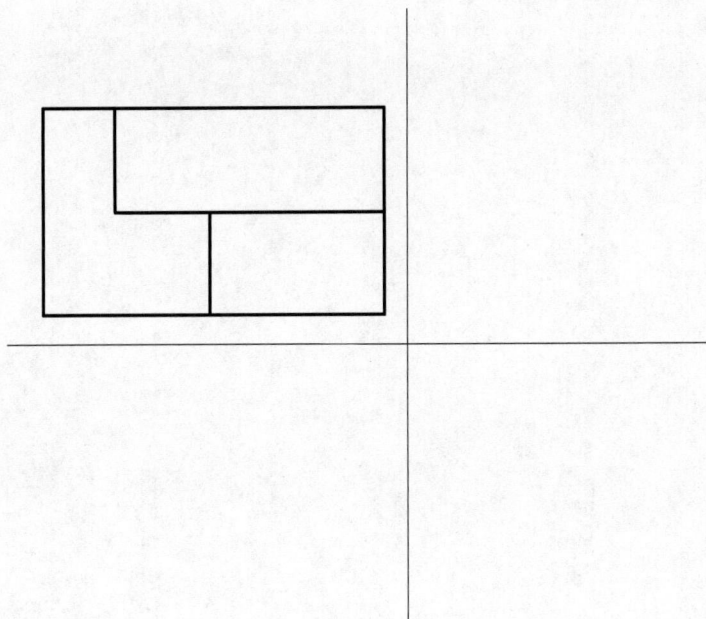

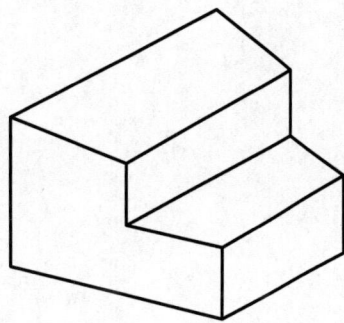

(3)

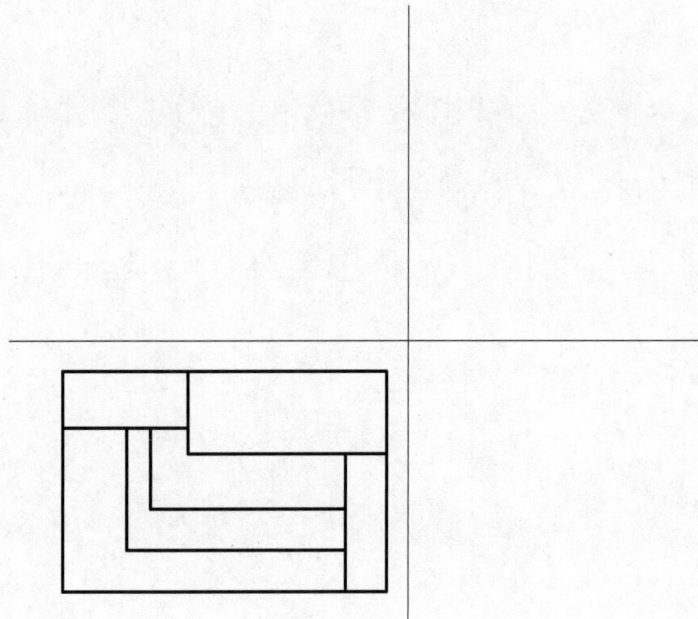

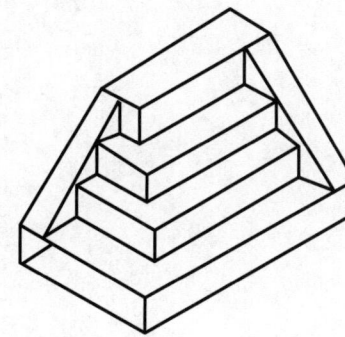

（4）

模块一 掌握制图规范与工程构件的绘制及识读	项目四 绘制工程结构物的投影与剖面、断面图	专业班级		姓　名		学　号	

上交作业···请沿此线剪切

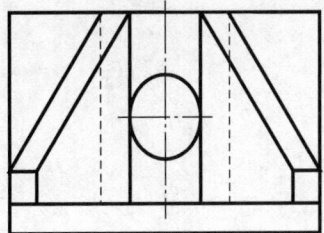

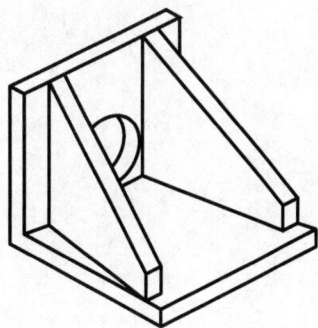

(5)

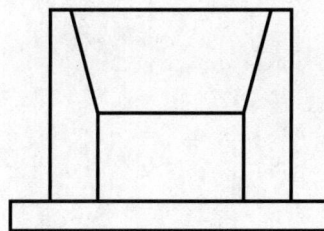

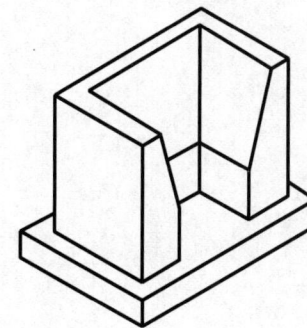

(6)

| 模块一 掌握制图规范与工程构件的绘制及识读 | 项目四 绘制工程结构物的投影与剖面、断面图 | 专业班级 | | 姓 名 | | 学 号 | |

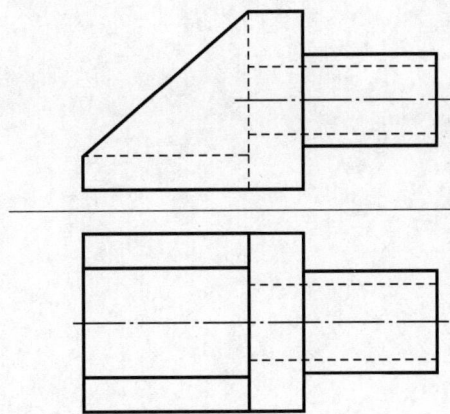

(1)

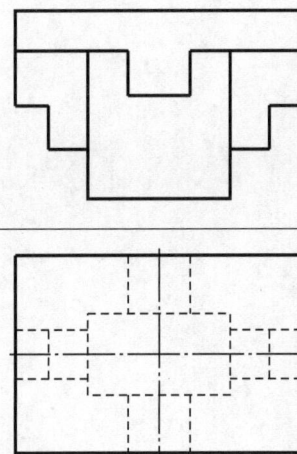

(2)

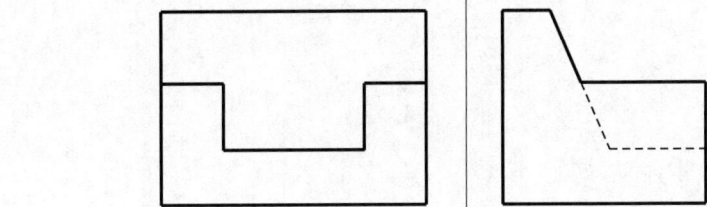

(3)

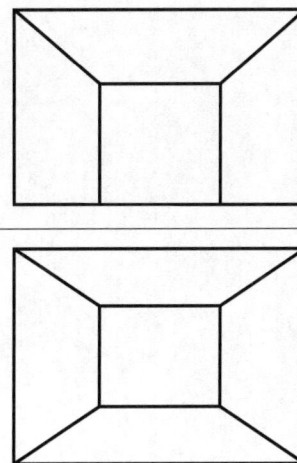

(4)

1-4-2 根据两面投影,补画第三面投影。

（5）

（6）

（7）

（8）

（9）

（10）

(11)

(12)

(13)

(14)

(15)

(16)

1-4-2　根据两面投影,补画第三面投影。

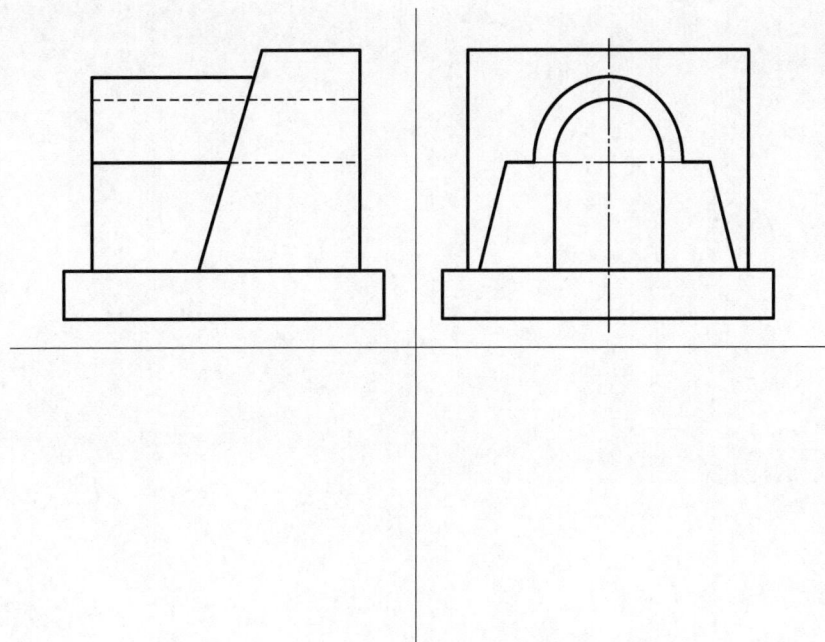

（17）

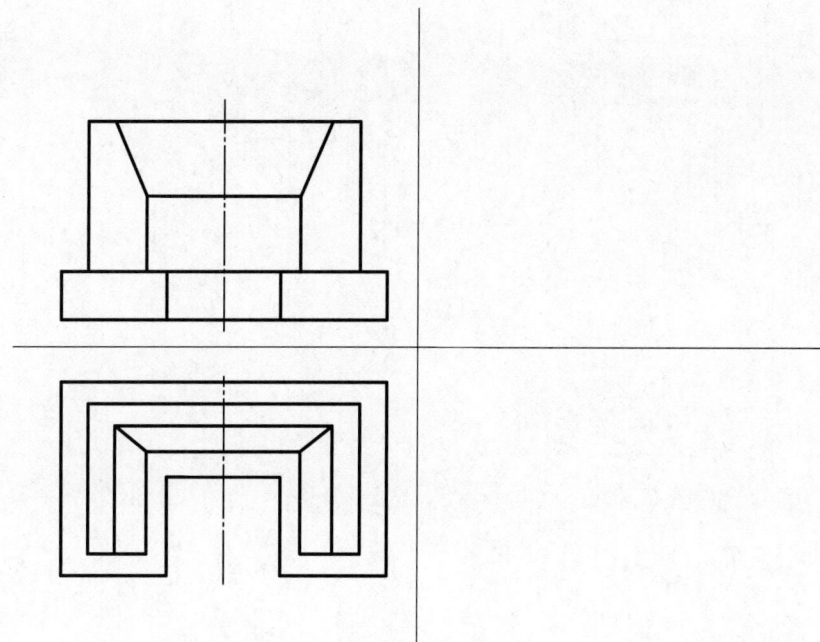

（18）

模块一　掌握制图规范与工程构件的绘制及识读	项目四　绘制工程结构物的投影与剖面、断面图	专业班级		姓　名		学　号	

1-4-3 根据两面投影,参考尺寸标注,补画第三面投影(尺寸单位:cm)。

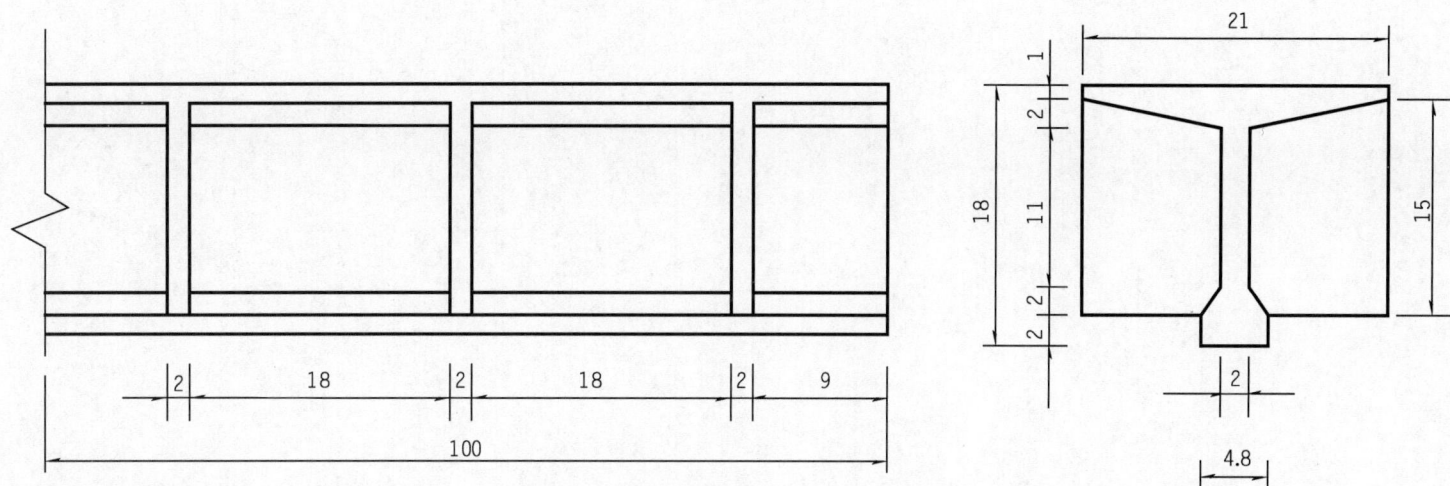

(1)

| 模块一 掌握制图规范与工程构件的绘制及识读 | 项目四 绘制工程结构物的投影与剖面、断面图 | 专业班级 | | 姓 名 | | 学 号 | |

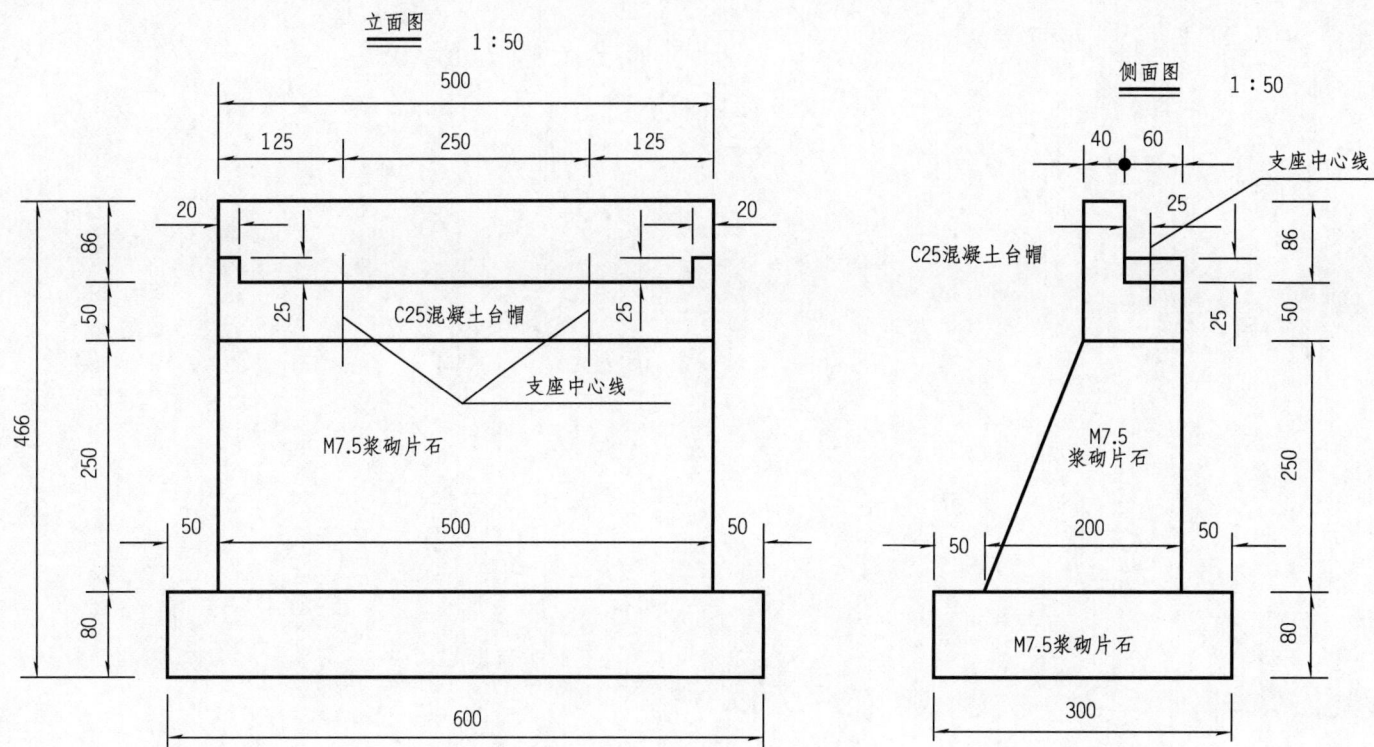

(2)

模块一　掌握制图规范与工程构件的绘制及识读	项目四　绘制工程结构物的投影与剖面、断面图	专业班级		姓　名		学　号	

1-4-4　补全下列投影图中所缺的图线。

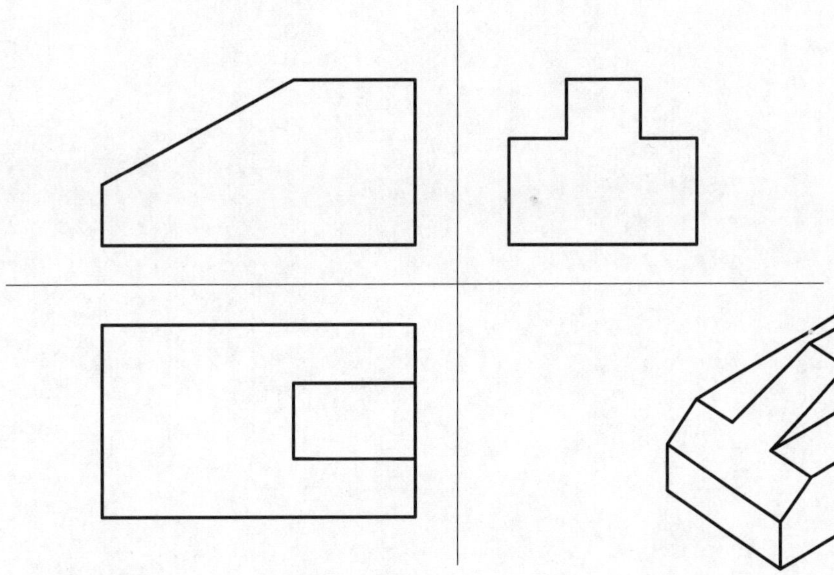

(1)

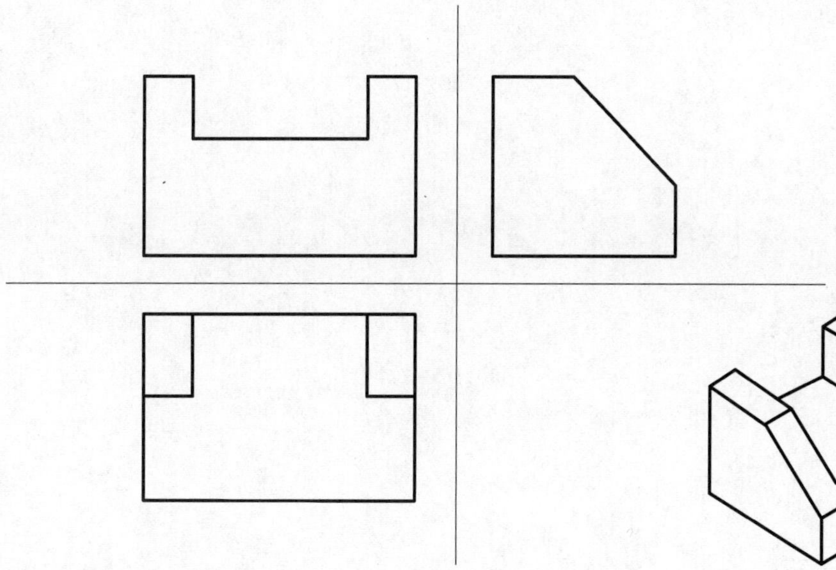

(2)

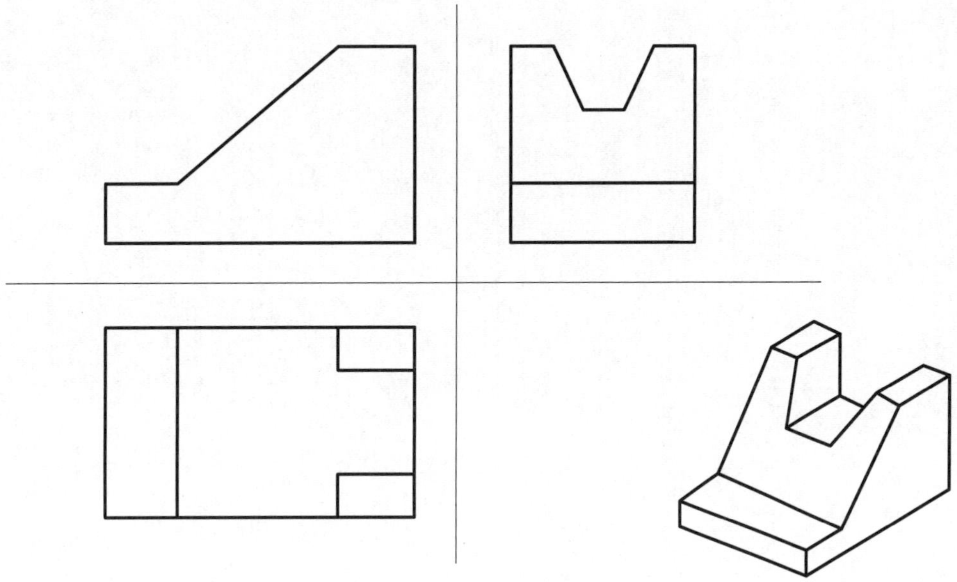

(3)

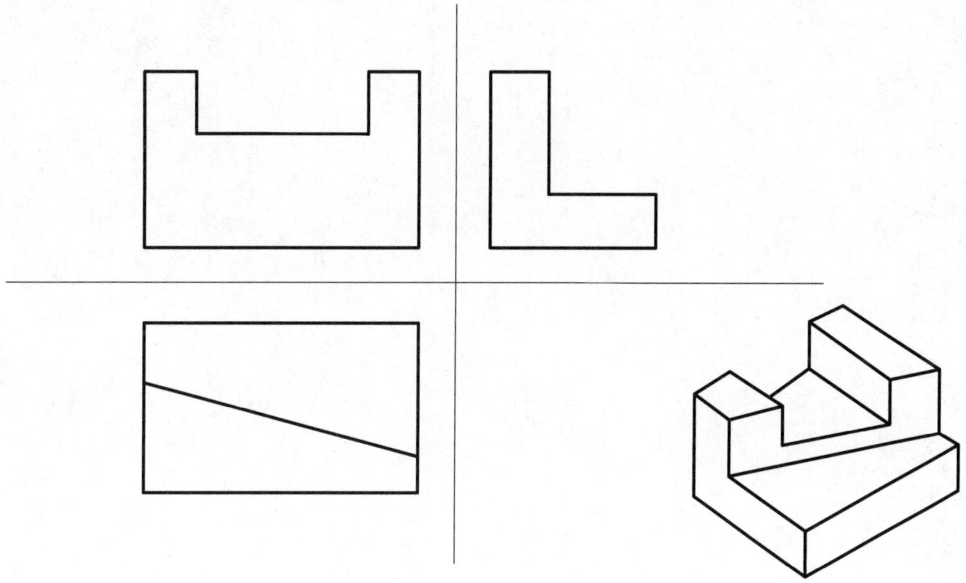

(4)

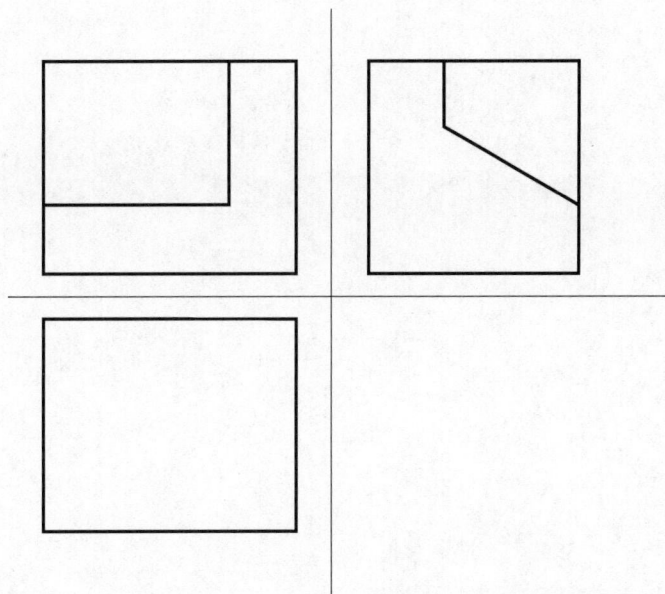

(5)

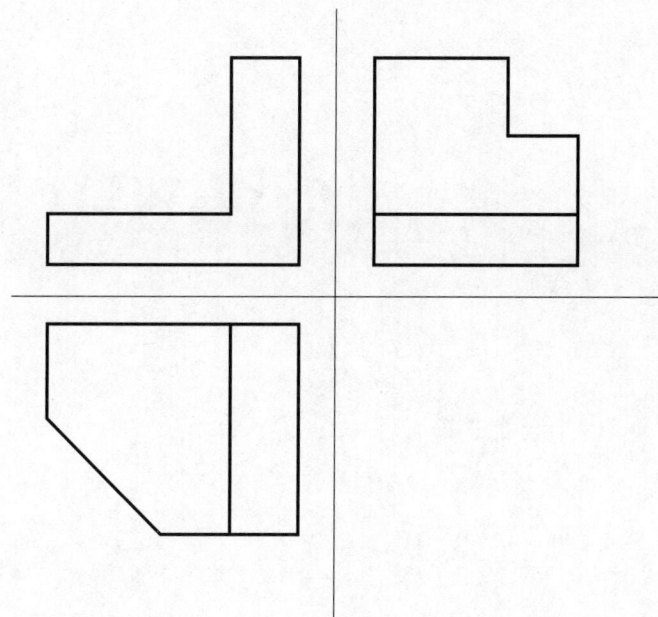

(6)

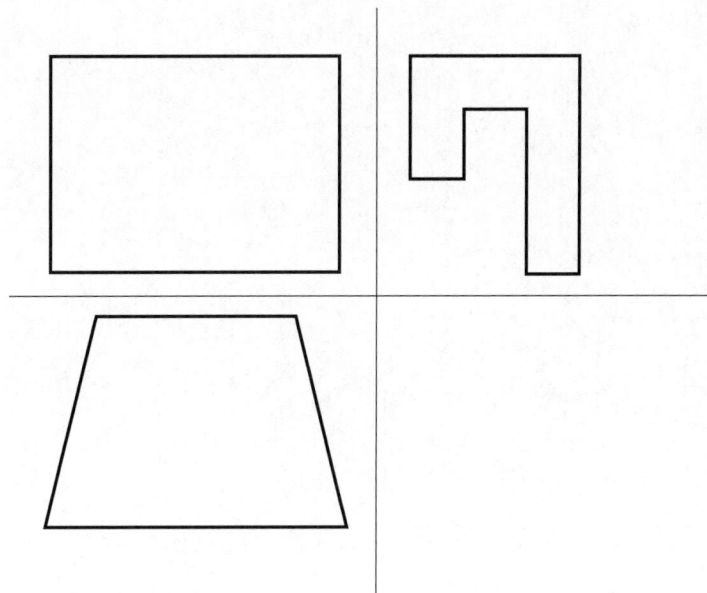

(7)

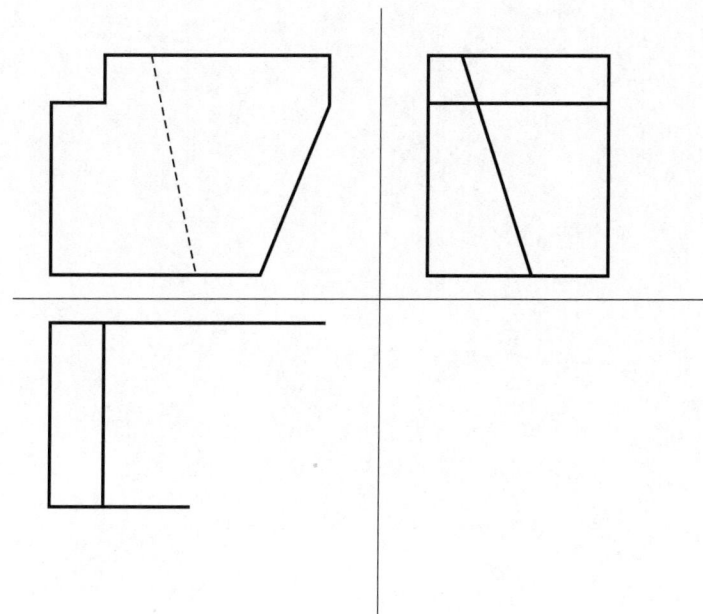

补全投影所缺
图线作图步骤

(8)

1-4-6 完成组合体的正等测图。

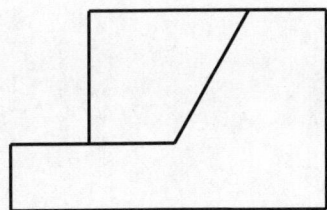

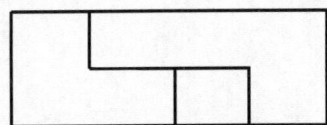

(1)

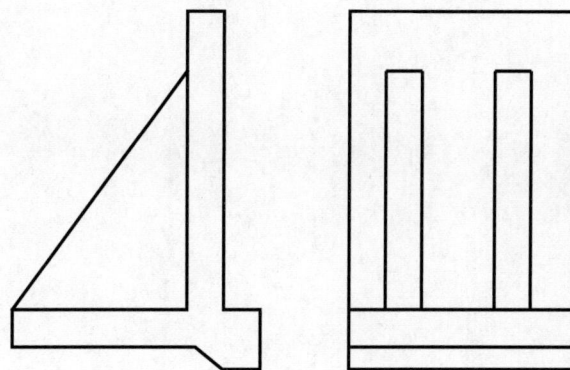

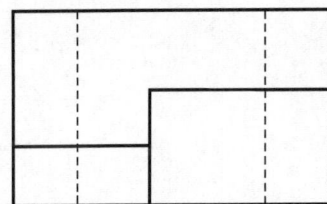

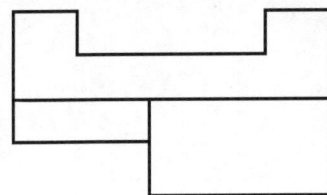

(2)

(3)

| 模块一　掌握制图规范与工程构件的绘制及识读 | 项目四　绘制工程结构物的投影与剖面、断面图 | 专业班级 | | 姓　名 | | 学　号 | |

36

1-4-6 完成组合体的正等测图。

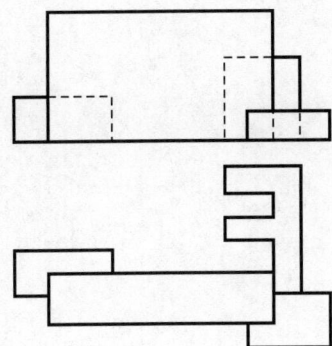

(4)

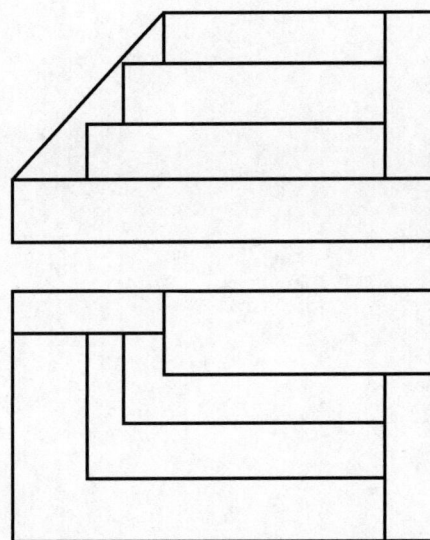

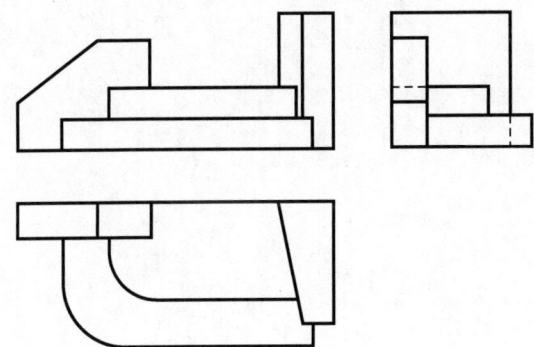

(5)

(6)

1-4-7 完成组合体的斜二测图。

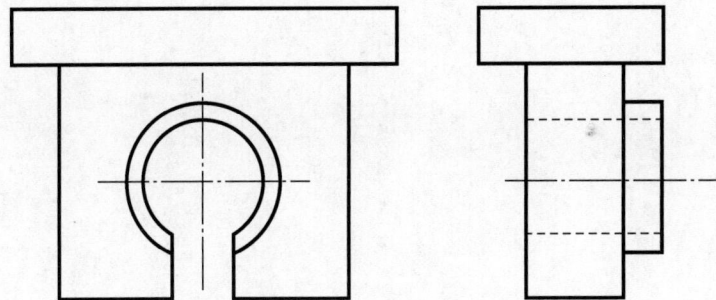

(1)

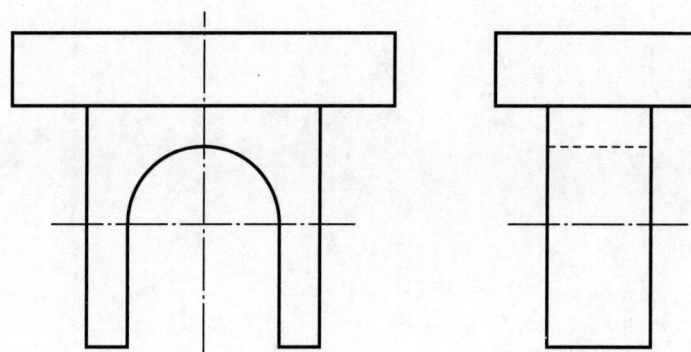

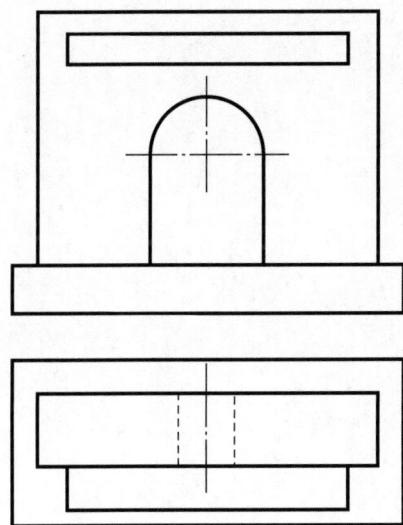

(2)

(3)

1-4-8 绘制物体的三面投影,并标注尺寸(尺寸单位:mm)。

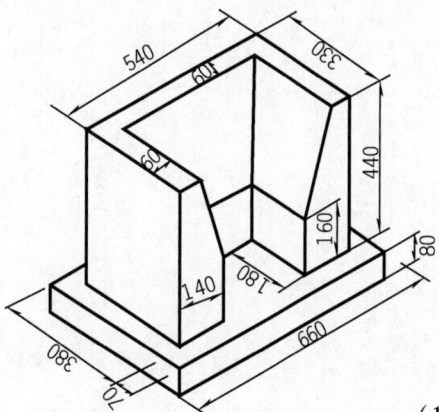

(1)

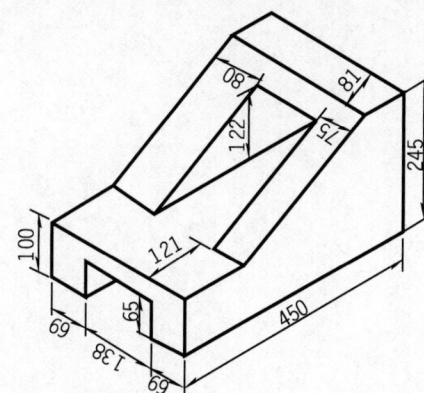

(2)

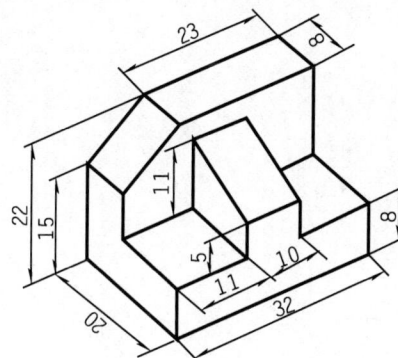

(3)

1-4-9　已知桥台平面图和正立面图,作图(1)的1—1剖面图。

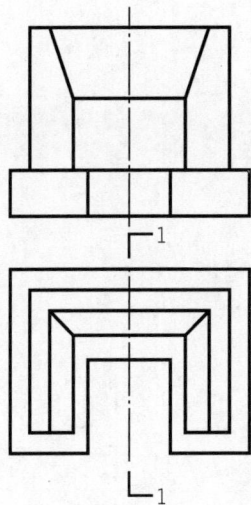

(1)

1-4-9　已知桥台平面图和正立面图,作图(2)的1—1半剖面图和2—2全剖面图。

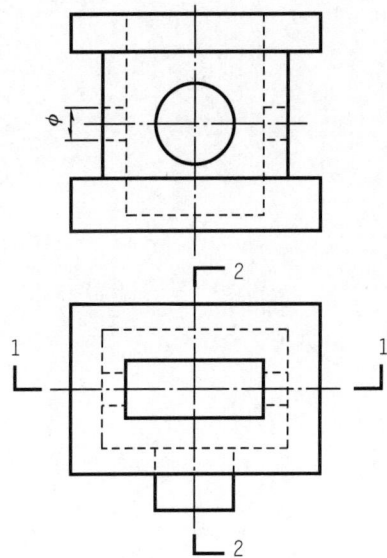

(2)

1-4-10　已知形体的投影和 A—A 剖面图,画出 B—B、C—C 断面图。

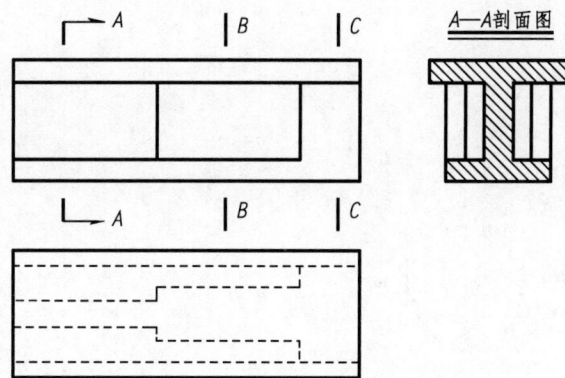

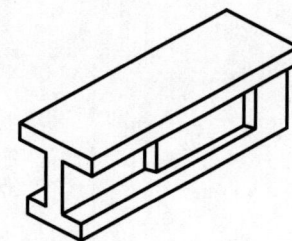

模块一　掌握制图规范与工程构件的绘制及识读	项目四　绘制工程结构物的投影与剖面、断面图	专业班级		姓　名		学　号	

1-4-11 绘制 1—1 全剖面图,2—2 半剖面图。

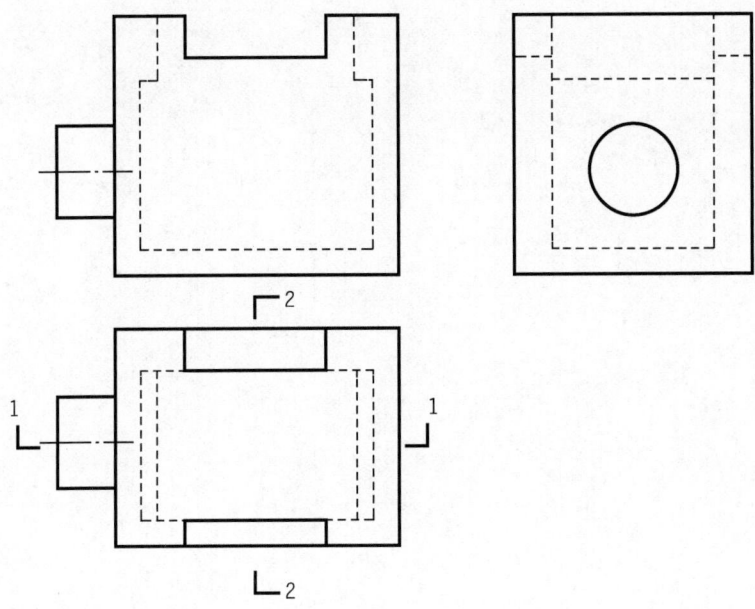

1-4-12 绘制 1—1 阶梯剖面图。

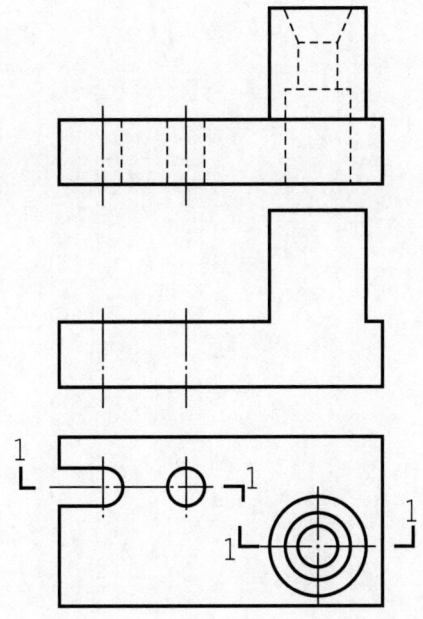

1-4-13 绘制 1—1 旋转剖面图。

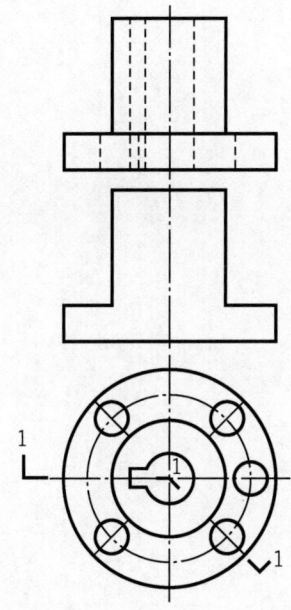

| 模块一 掌握制图规范与工程构件的绘制及识读 | 项目四 绘制工程结构物的投影与剖面、断面图 | 专业班级 | | 姓 名 | | 学 号 | |

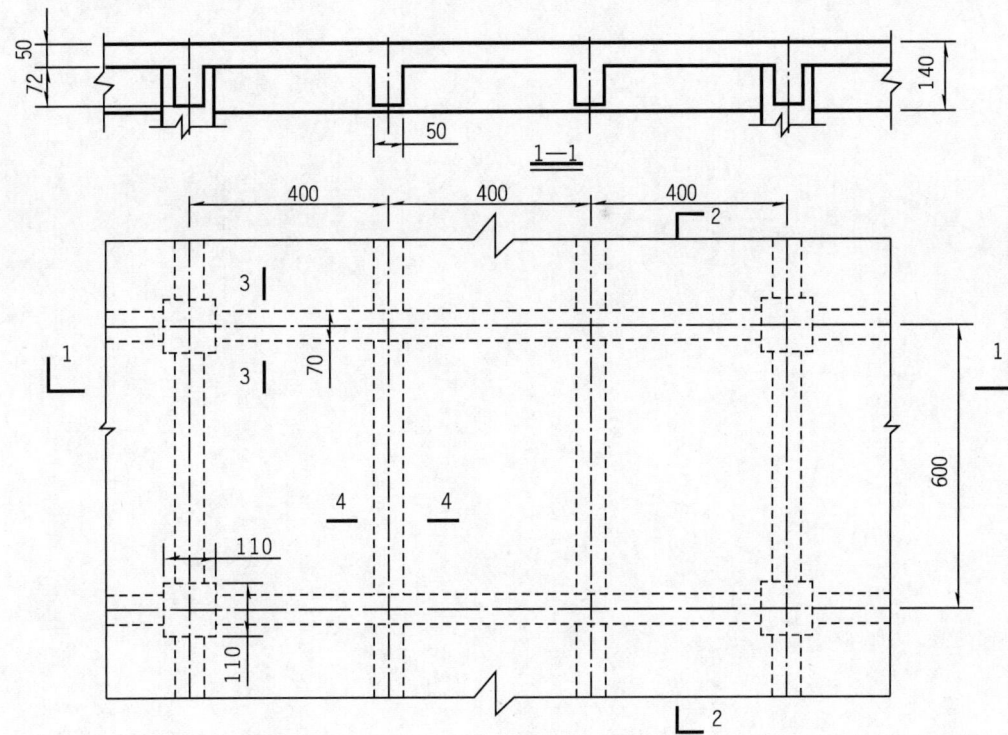

1-4-15 已知形体的投影,绘制 1—1、2—2 断面图。

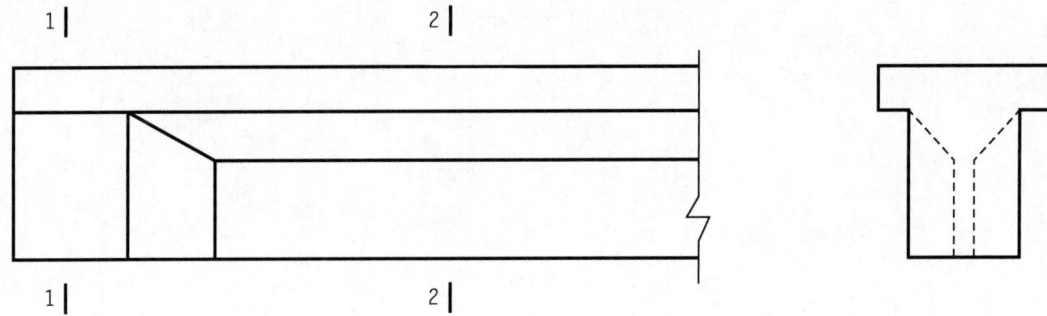

1-4-16 按图 a)的移出断面,分别在 b)中画出中断断面图、在 c)中画出重合断面图。

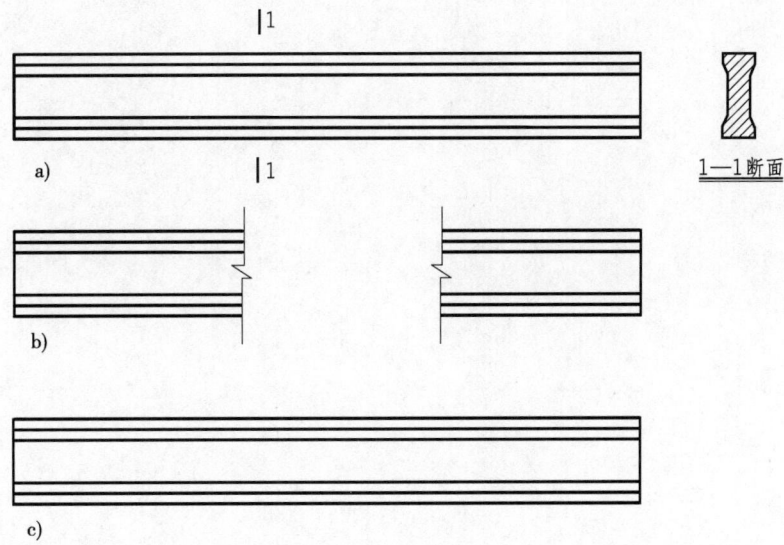

1-4-17 画出 1—1、2—2 断面图。

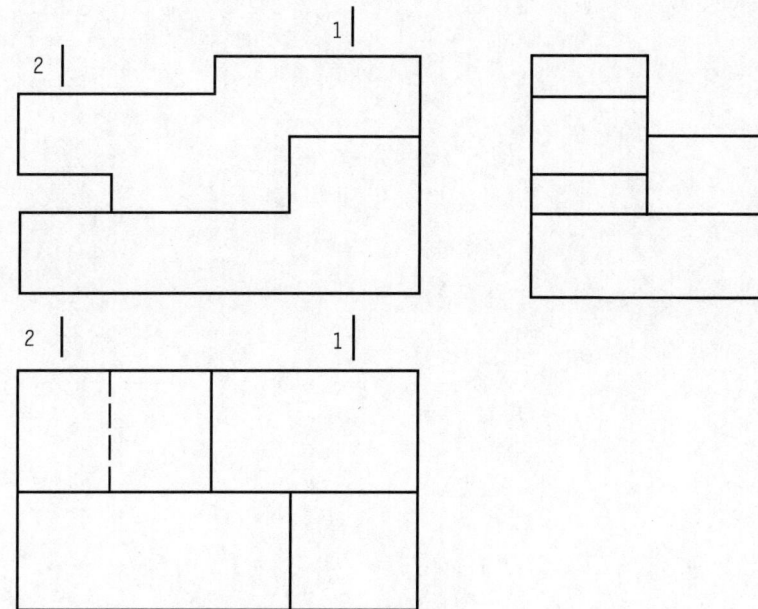

a)

1—1断面

b)

c)

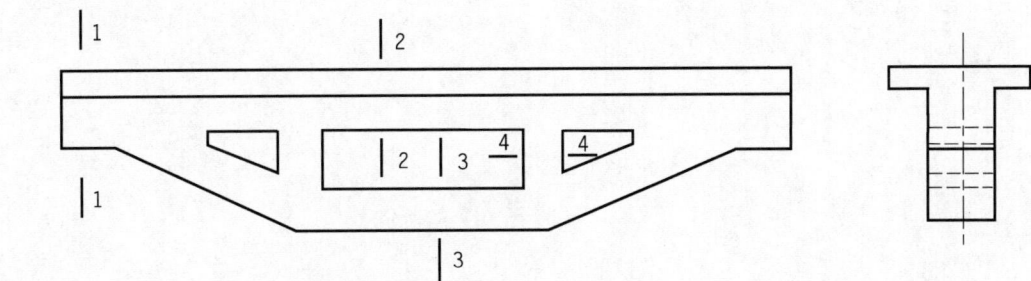

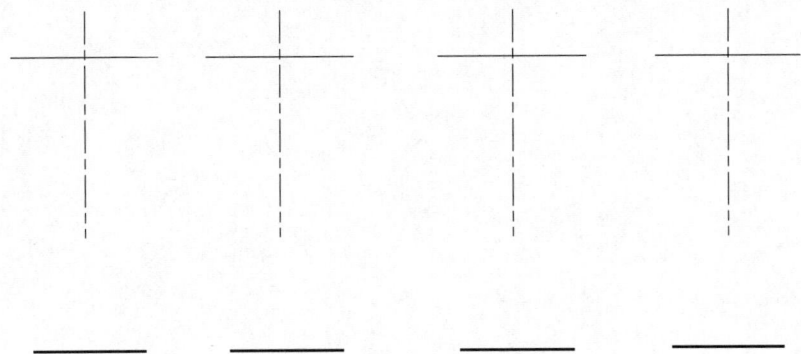

断面图作图步骤

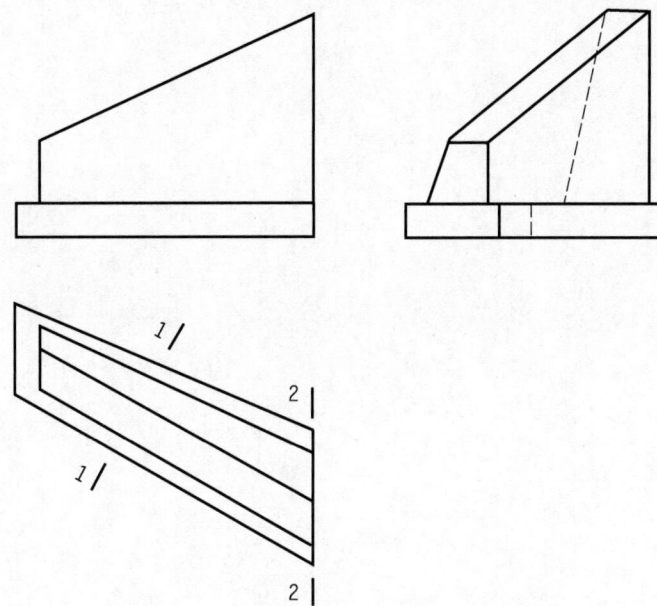

模块一　掌握制图规范与工程构件的绘制及识读	项目四　绘制工程结构物的投影与剖面、断面图	专业班级		姓　名		学　号	

上交作业……请沿此线剪切

1-5-1 求作直线 AB 的实长、倾角 α 及整数高程点,并计算其坡度值。

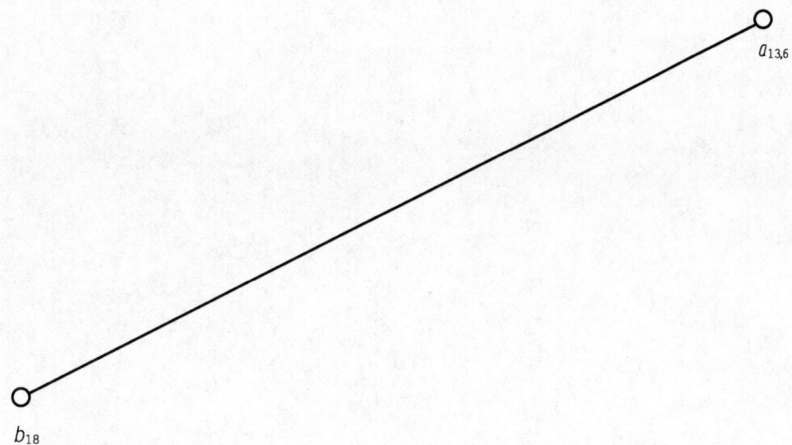

$a_{13.6}$

b_{18}

0 1 2 3 4 5

1-5-2 作出 $\triangle ABC$ 的等高线。

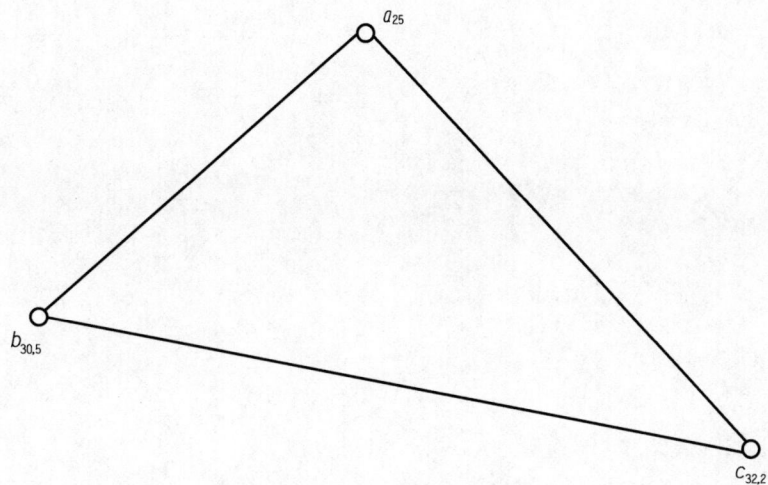

a_{25}

$b_{30.5}$

$c_{32.2}$

0 1 2 3 4 5

1-5-3 作出平面的等高线和坡度比例尺。

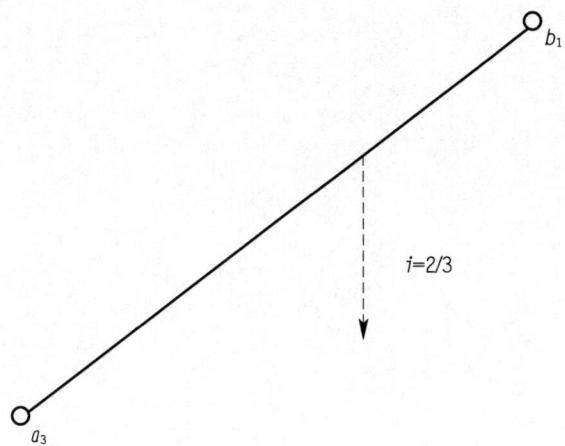

b_1

$i=2/3$

a_3

0 1 2 3 4 5 6

1-5-4 试在 a_2b_{10} 线上定出 c_5。

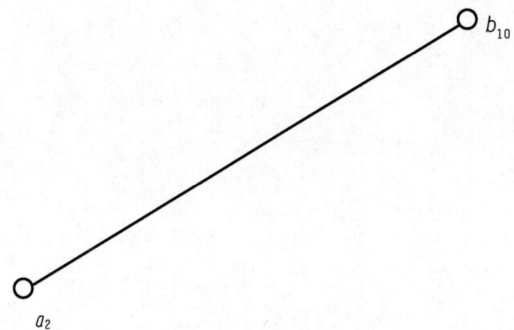

b_{10}

a_2

0 1 2 3 4 5

| 模块一 掌握制图规范与工程构件的绘制及识读 | 项目五 绘制公路路基填、挖方线 | 专业班级 | | 姓 名 | | 学 号 | |

1-5-5 求两平面的交线。

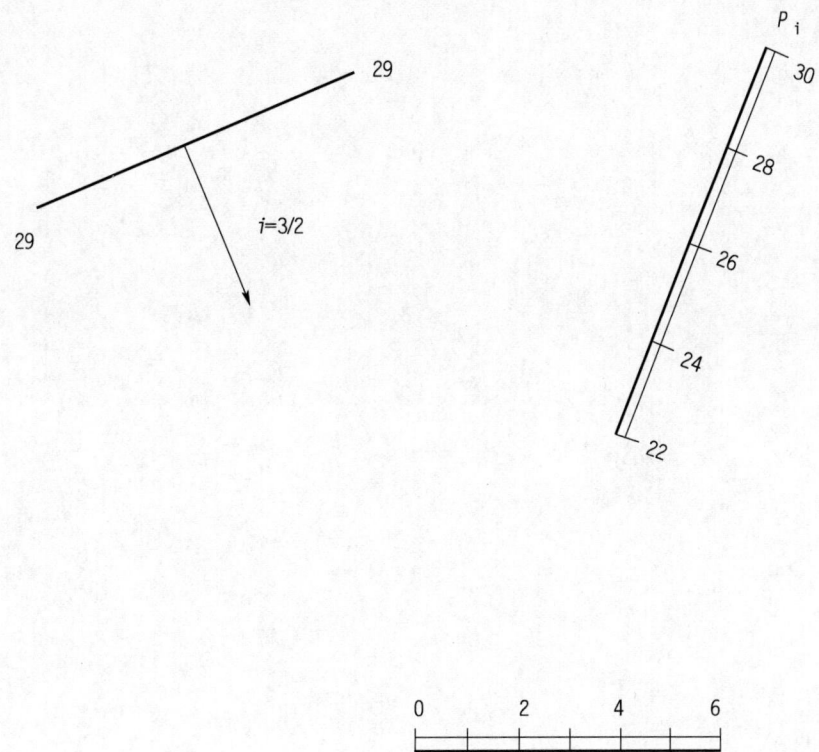

1-5-6 在堤坝与河岸的相交处筑有护坡,各坡面的坡度均为1:2,作出坡面交线和坡脚线。

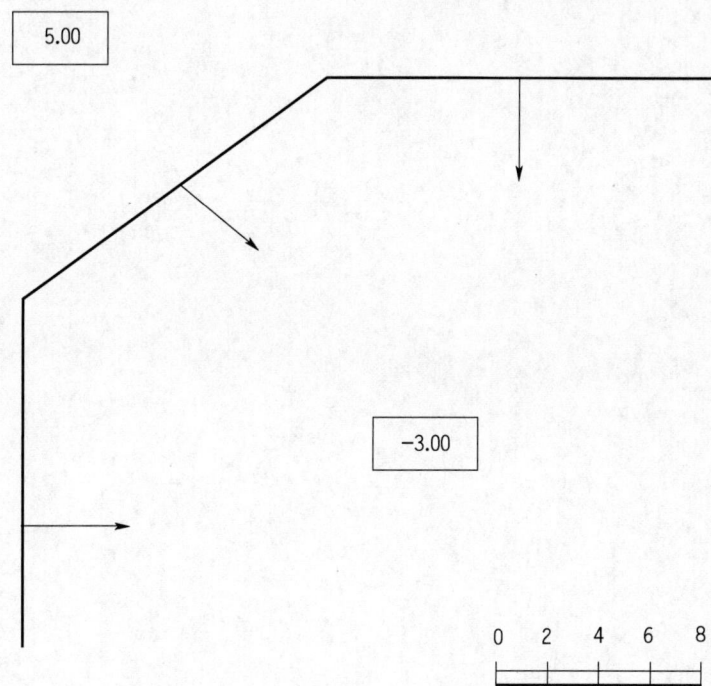

29

29

P i

30

28

26

24

22

i=3/2

0   2   4   6

5.00

−3.00

0   2   4   6   8

1-5-7 在高程为 ±0 的地面上开挖一基坑,坑底高程为 −2m,各边坡坡度均为 1/2,作出开挖线以及坡面交线。

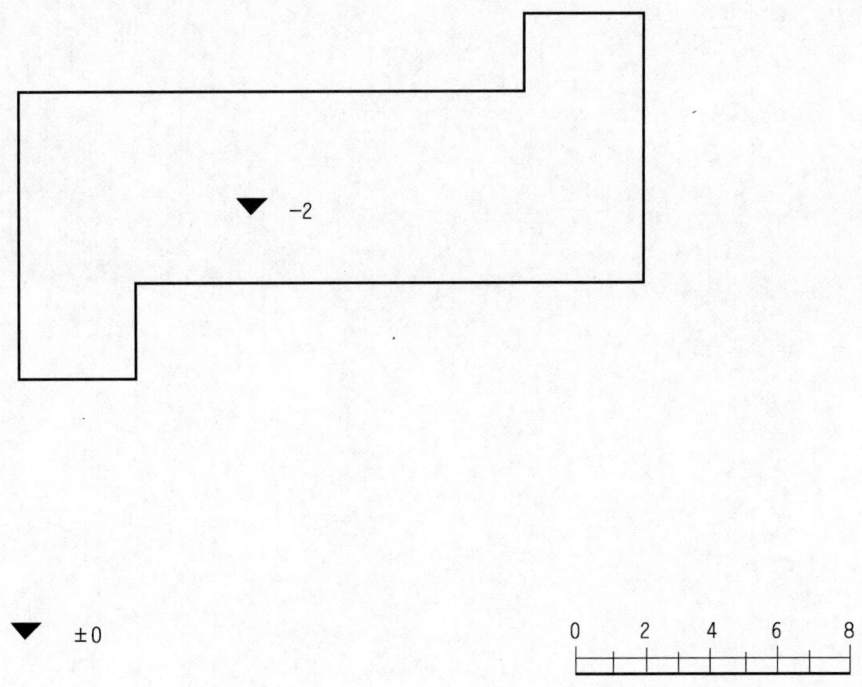

1-5-8 两堤坝的高程及各边坡坡度如下图所示,求作坡脚线及各边坡交线(地面高程为 ±0m)。

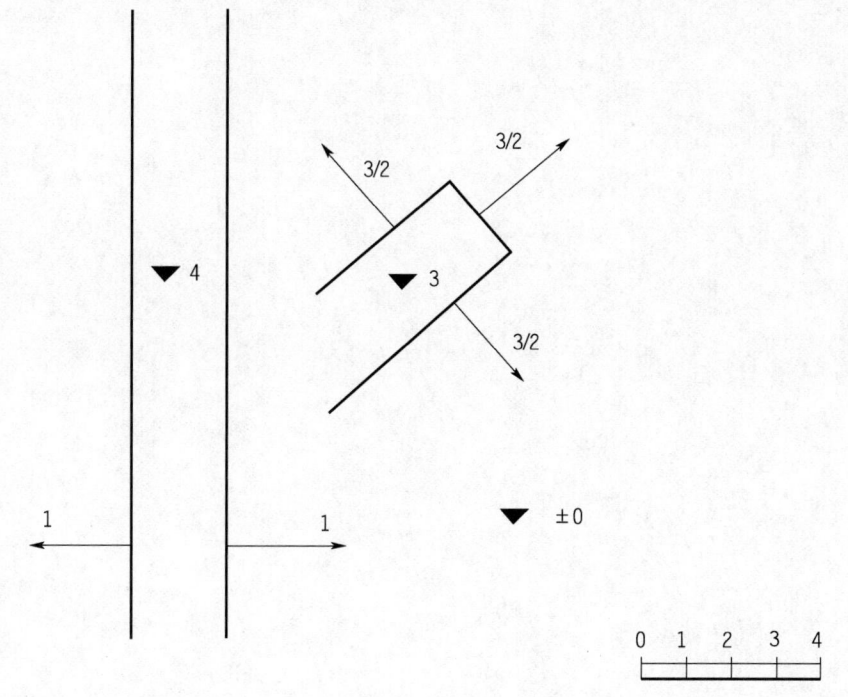

1-5-9 求平面与地面的交线(尺寸单位:m)。

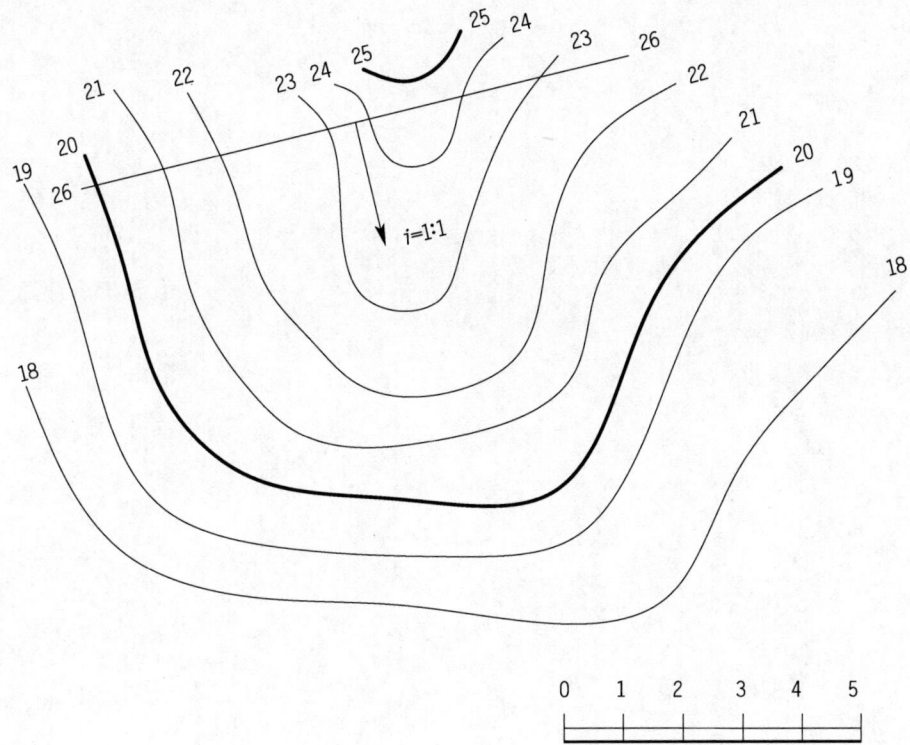

1-5-10 *A* 至 *B* 为一管道,用虚线和实线分别标出管道埋入地下和露出地面各断面的高程投影(尺寸单位:m)。

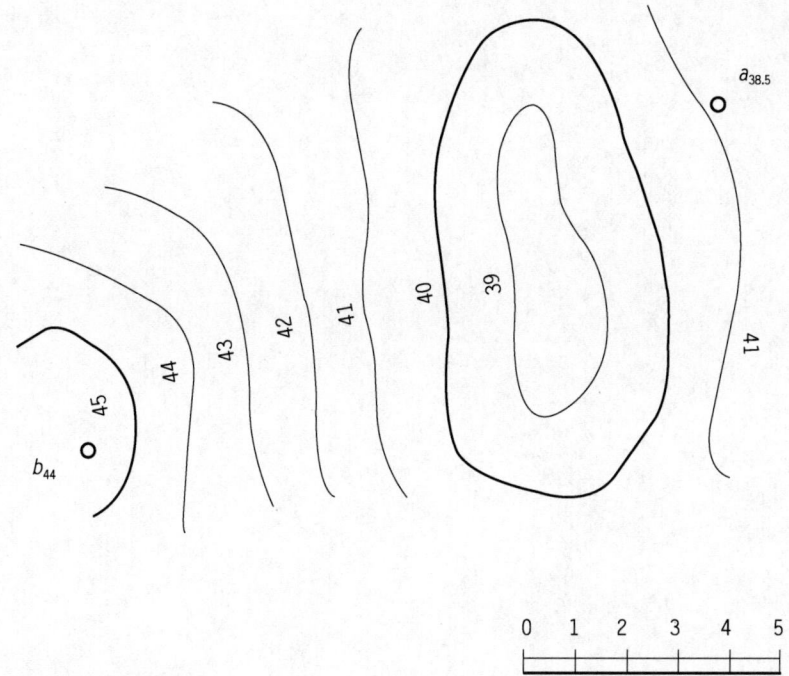

1-5-11 在山坡上修筑一水平场地,填方坡度为3/4,挖方坡度为1,作出填挖分界线(尺寸单位:m)。

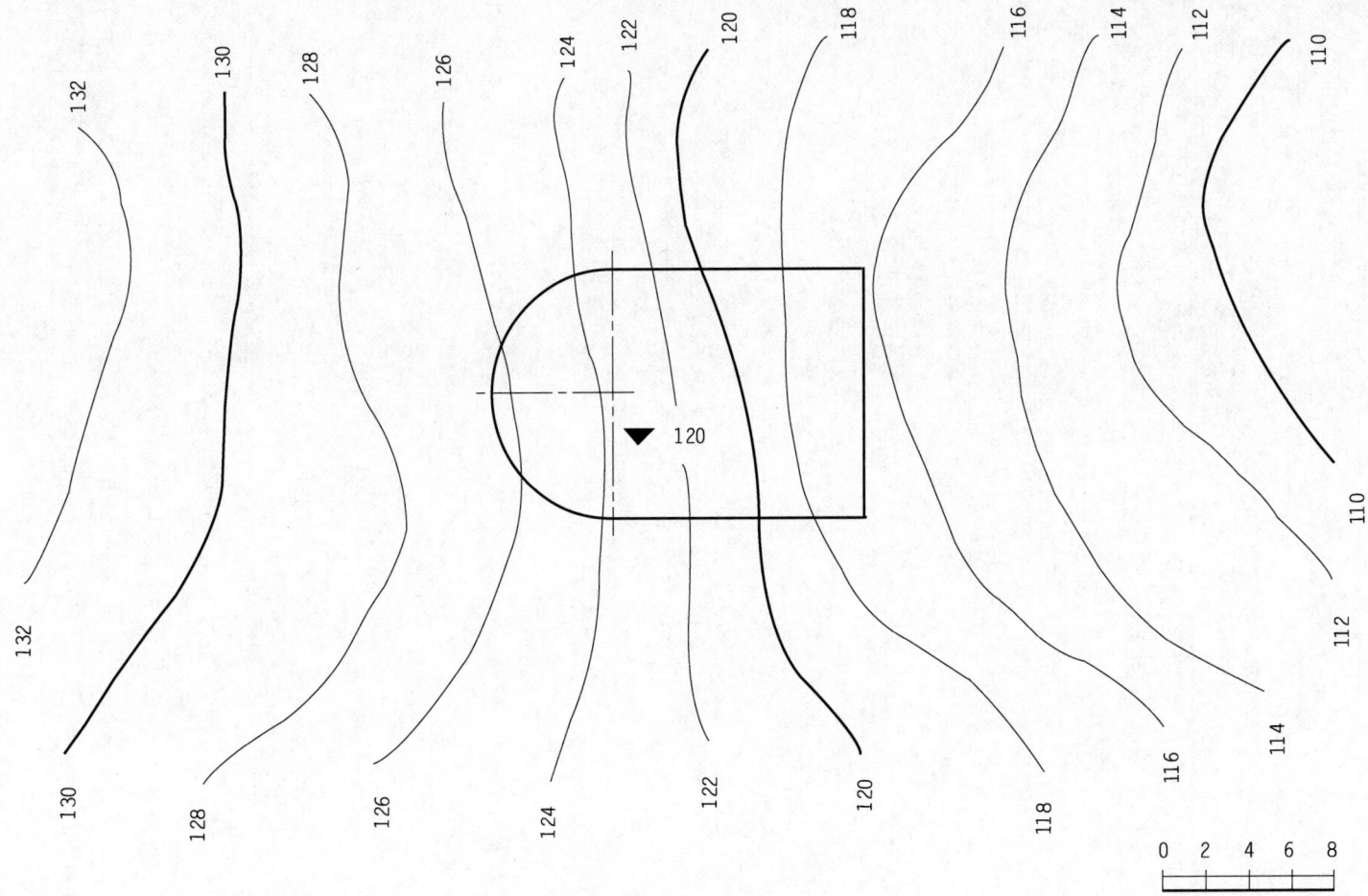

填挖分界线
作图步骤

2-0-1 填空题。

1. 路线工程图的图示方法与一般工程视图不完全相同,它是采用_____作为平面图,用_____作为立面图,用_____作为侧面图。

2. 道路路线设计的最后结果是以_____、_____和_____来表示。

3. 路线平面图是从_____投影所得到的水平投影图,也是用_____投影法所绘制的道路沿线周围区域的地形图。

4. 路线平面图主要是表示路线的_____和_____,以及沿线两侧一定范围内的_____等情况。

5. 路线长度用_____表示,里程由左向右递增。路线左侧设有"_____"标记,表示公路里程桩号,右侧设有百米桩标记"_____",数字写在短细实线端部,字头朝_____向。

6. 路线纵断面图是通过公路中心线用假想的_____进行剖切展开后获得的。

7. 路线纵断面图包括_____和_____两部分,一般_____画在图纸的上部,_____布置在图纸的下部。

8. 道路纵断面图中,如果横坐标的比例为1:1000,则纵坐标的比例为_____。

9. 如果某道路纵断面图中水平比例为1:2000,则垂直比例为_____。

10. 画出下列道路建筑材料的图例。

钢筋混凝土	干砌块石	水稻田	天然土体

11. 城市以外或在城市郊区的道路称为_____;位于城市范围内的道路称为_____。

12. 路基横断面是用假想的_____垂直于路中心线剖切而得到的图形。

13. 路基横断面图一般不画出_____和_____,以路基边缘的_____作为路中心的设计高程。

14. 路基横断面的基本形式有三种,分别是_____、_____、_____。

15. 平面图的植物图例,应朝_____或向_____绘制;每张图纸的右上角应有_____,注明图纸序号及总张数。

16. 横断面图的地面线一律用_____线,设计线用_____线,道路的_____、_____也应在图中表示出来。

2-0-2 单项选择题。

1. 路线平面图中,里程桩号标记在路线的( )。
   A. 左侧   B. 右侧   C. 下方   D. 上方

2. 路线走向规定由( )。
   A. 由左向右   B. 由右向左   C. 由下向上   D. 由上向下

3. 道路路线平面图所用比例一般较小,通常在城镇区为( )。
   A. 1:500 或 1:1000   B. 1:2000
   C. 1:5000 或 1:10000

4. 公路纵断面图中设计线上各点的高程通常是指( )。
   A. 路基中心线的设计高程   B. 路基边缘的设计高程
   C. 路面中心线的设计高程

5. 为了路基施工放样和计算土石方的需要,在路线的每一( )桩处,应根据实测资料和设计要求,画出一系列的路基横断面图,主要是表达路基横断面的形状和地面高低起伏状况。
   A. 公里   B. 中心   C. 百米

6. 路线平面图,相邻图纸拼接时,路线中心对齐,接图线重合,并以( )方向为准。
   A. 正北   B. 正南   C. 正东   D. 正西

7. 在路线纵断面图中,当路线坡度发生变化时,变坡点应用直径为( )的中粗线表示。
   A. 2mm   B. 4mm   C. 6mm

8. 在同一张图纸上绘制的路基横断面图,应按里程桩号顺序排列,从图纸的( )方开始,先由下而上,再自左向右排列。
   A. 左上   B. 左下   C. 右上   D. 右下

2-0-3 多项选择题。

1. 在横断面图中,( )均用粗实线表示,路面厚度用中粗实线表示,原有地面线用细实线表示,路中心线用细点画线表示。
   A. 路面线   B. 开挖线   C. 路肩线
   D. 边坡线   E. 护坡线

2. 横断面图的水平方向和高度方向宜采用相同比例,一般比例为( )。
   A. 1:200   B. 1:20   C. 1:100
   D. 1:10   E. 1:50   F. 1:500

3. 圆曲线带有缓和曲线段的曲线主点是( )。
   A. 直缓点(ZH点)   B. 直圆点(ZY点)   C. 缓圆点(HY点)
   D. 圆直点(YZ点)   E. 曲中点(QZ点)   F. 圆缓点(YH点)
   G. 缓直点(HZ点)

4. 圆曲线不带缓和曲线段的曲线主点是( )。
   A. 直缓点(ZH点)   B. 直圆点(ZY点)   C. 缓圆点(HY点)
   D. 圆直点(YZ点)   E. 曲中点(QZ点)   F. 圆缓点(YH点)
   G. 缓直点(HZ点)

5. 在公路纵断面图中,资料表主要包括以下项目和内容:( )。
   A. 地质概况   B. 水准点   C. 超高
   D. 填高   E. 坡度/距离   F. 地面高程
   G. 里程桩号   H. 平曲线   I. 挖深
   J. 加宽   K. 设计高程

模块二 识读道路工程专业图	专业班级		姓 名		学 号	

2-0-4 阅读路线纵断面图,补全路线纵断面图的填挖高程数字,并回答问题。

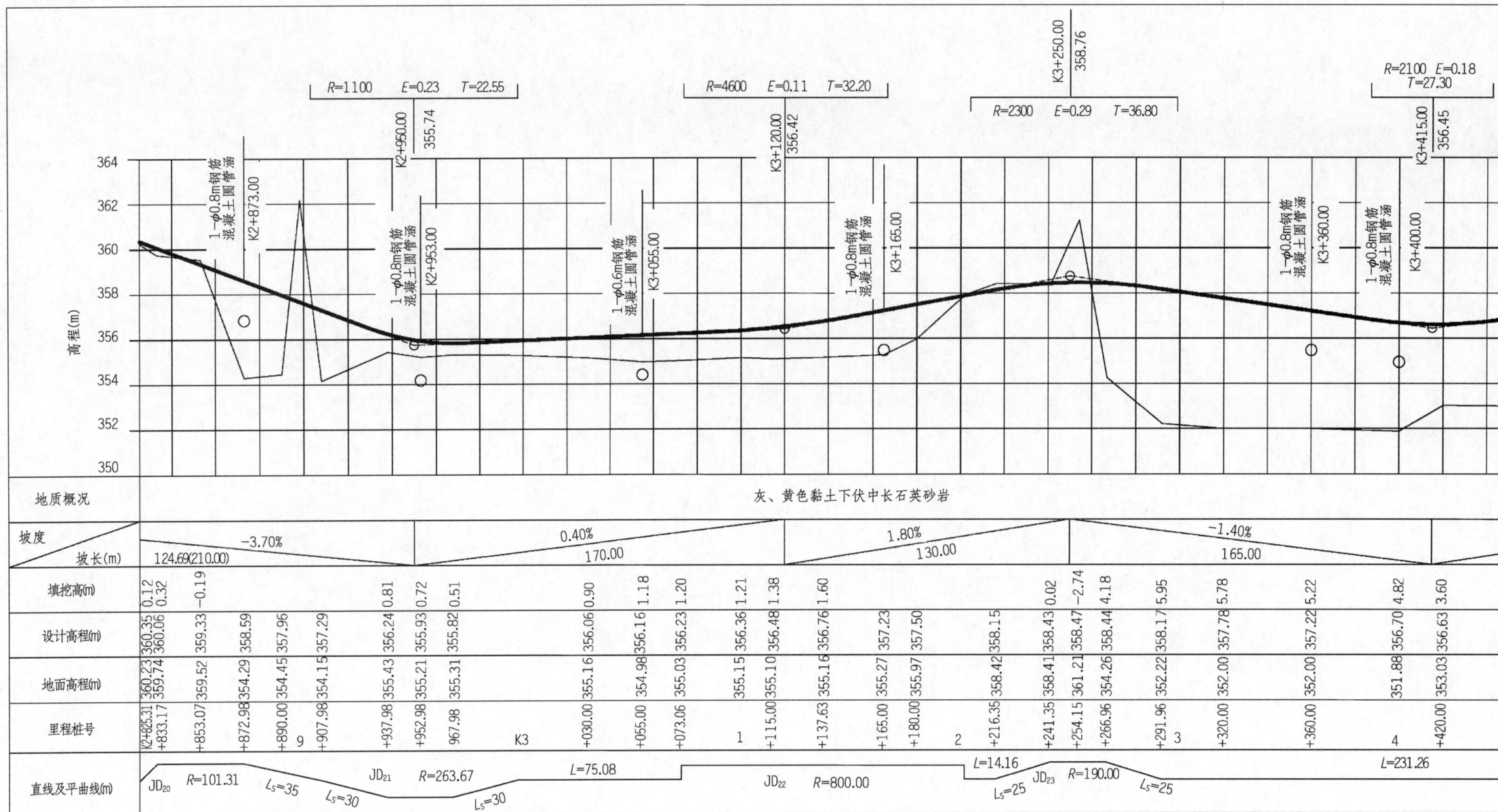

地质概况: 灰、黄色黏土下伏中长石英砂岩

(1) 在路线纵断面图中,有_____个凸曲线,有_____个凹曲线。

(2) 在路线纵断面图中,有_____个平曲线,最大平曲线半径为_____。

(3) 桩号为 K3+115 处的设计高程为_____,地面高程为_____。

(4) 在桩号为 K3+055 处设有钢筋混凝土圆管涵,1–φ0.6m 表示_____。

| 模块二 识读道路工程专业图 | 专业班级 | | 姓 名 | | 学 号 | |

曲线要素表

交点号	交点位置	偏角	曲线要素值(m)				曲线总长	外距	控制点位置				
			切线长度 T_1 T_2	半径 R_2 R_y R_2	回旋线参数 A_1 A_2	曲线长度 L_{S1} L_y L_2			ZH (ZY)	HY	QZ	YH	HZ (YZ)
JD₃	K1+729.01	左73°46′03″	138.05 138.05	1.50	86.60 86.60	50 143.12 50	243.12	38.40	K1+729.01	K1+779.01	K1+850.57	K1+922.13	K1+972.13

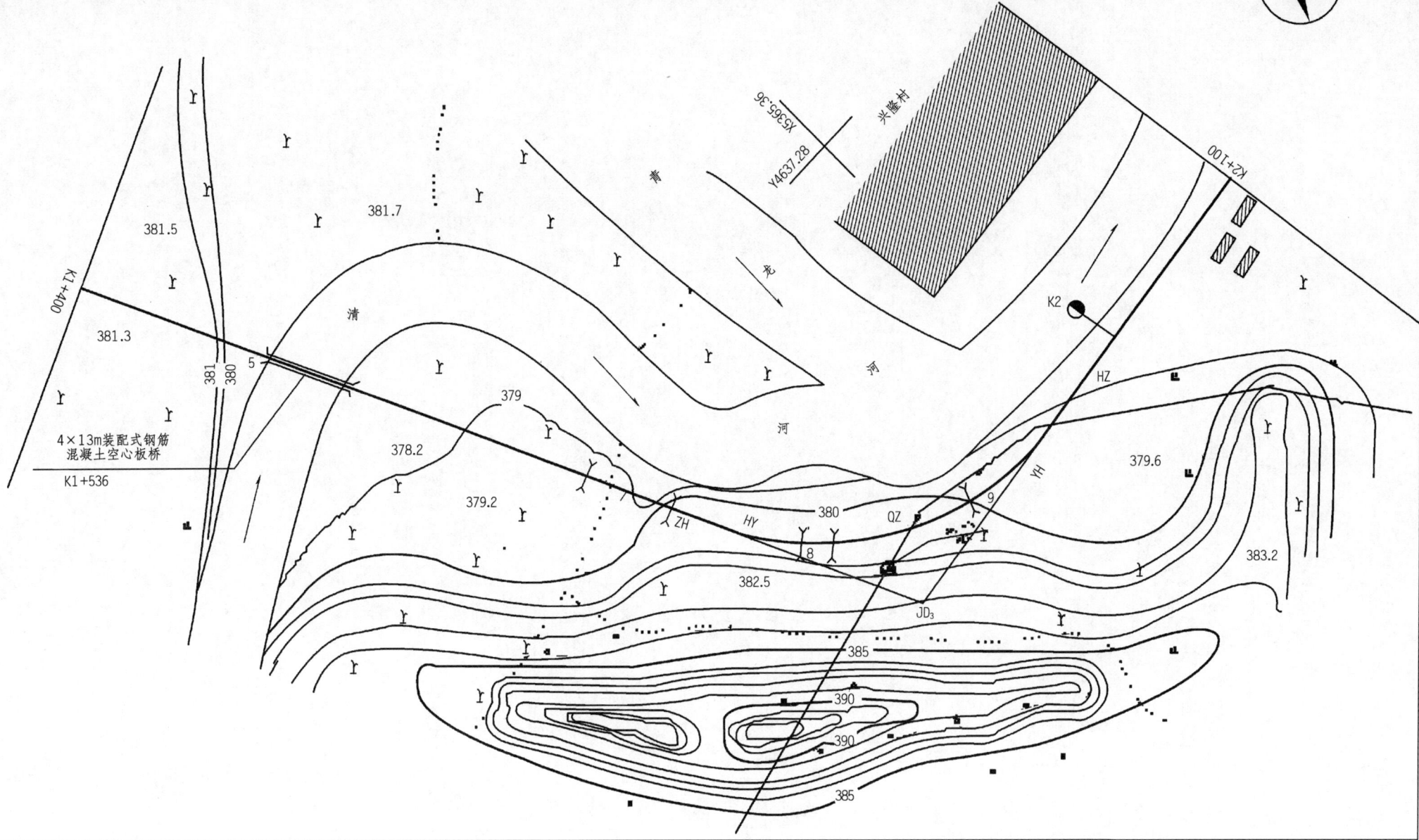

（1）图中 JD 为＿＿＿＿＿点,是路线的两直线段的理论＿＿＿＿＿点,如 JD₃ 表示＿＿＿＿＿点。

（2）R 为圆曲线＿＿＿＿＿,是连接圆弧的＿＿＿＿＿长度;T 为＿＿＿＿＿,是切点与交角点之间的长度;L 为＿＿＿＿＿,是圆曲线两切点之间的弧长。

（3）ZY 是＿＿＿＿＿点,QZ 是＿＿＿＿＿点,YZ 是＿＿＿＿＿点,ZH 是＿＿＿＿＿点,HZ 是＿＿＿＿＿点,HY 是＿＿＿＿＿点,YH 是＿＿＿＿点。

（4）在路线平面图中路线的前进方向总是从＿＿＿＿＿向＿＿＿＿＿的。

4×13m装配式钢筋混凝土空心板桥
K1+536

2-0-6 根据已知的道路平面图,求作 A—A、B—B 两处的道路横断面图,比例为 1:100。已知:A 处的道路设计高程是 14.00m,B 处道路设计高程为 15.80m,填方边坡为 1:1.5,挖方边坡为 1:1 排水沟省略不画,尺寸单位为 m。

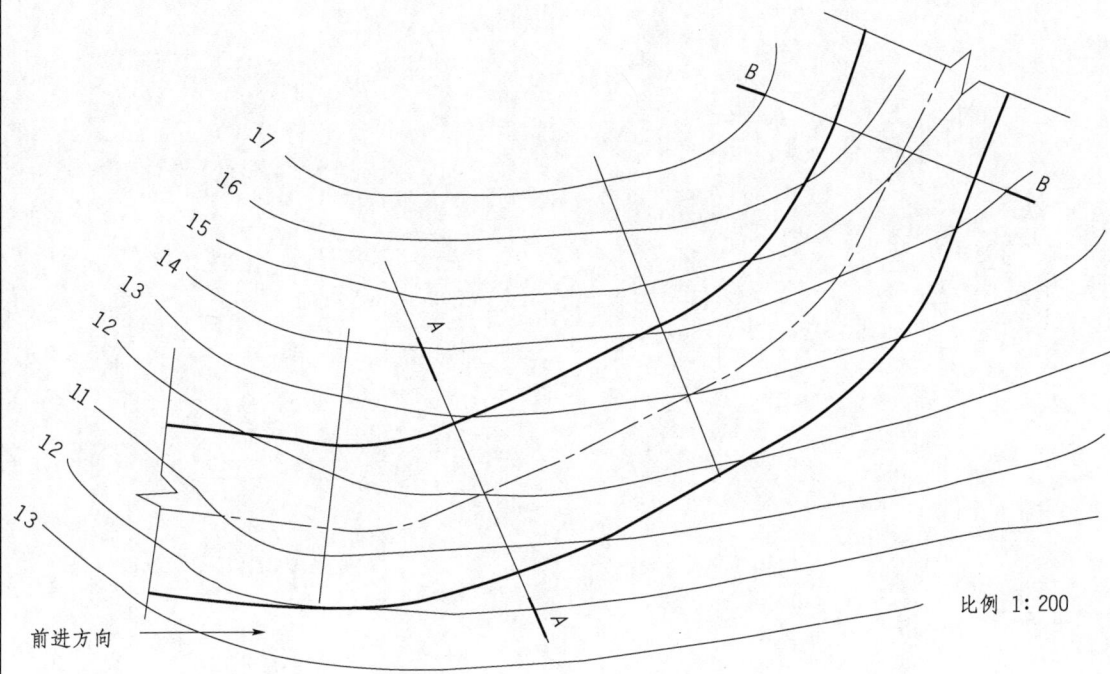

横断面图中的地形画法见下图,I-I 是按路线的前进方向观看的。

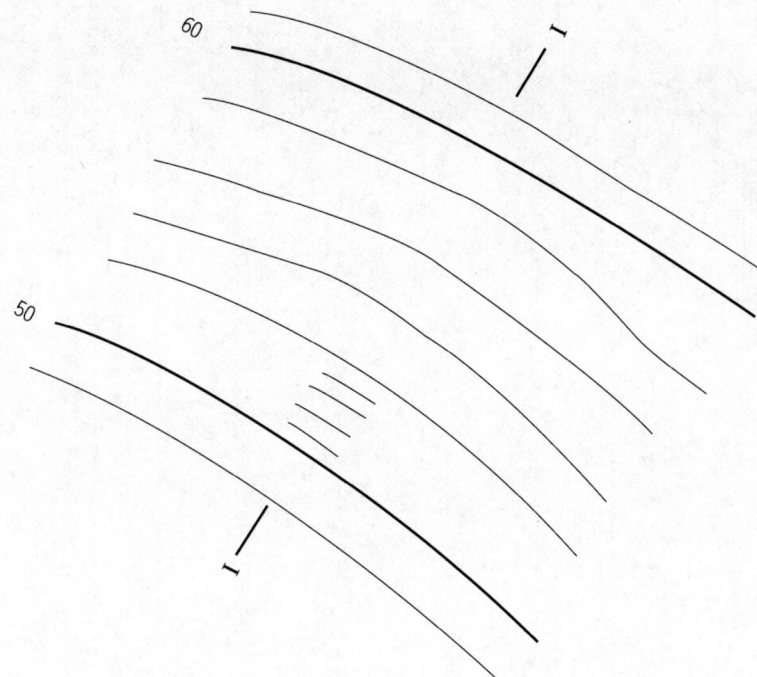

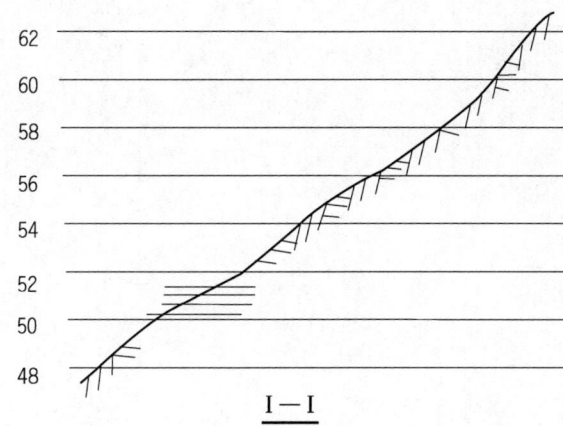

17
16
15
14
13
12
11
12
13
前进方向

比例 1:200

0 2 4 6 8 10

60

50

62
60
58
56
54
52
50
48

I—I

为了准确作出 50~52 等高线之间的地形线,中间可插入一些等高线。

2-0-7 抄绘八字式单孔石拱涵构造图。

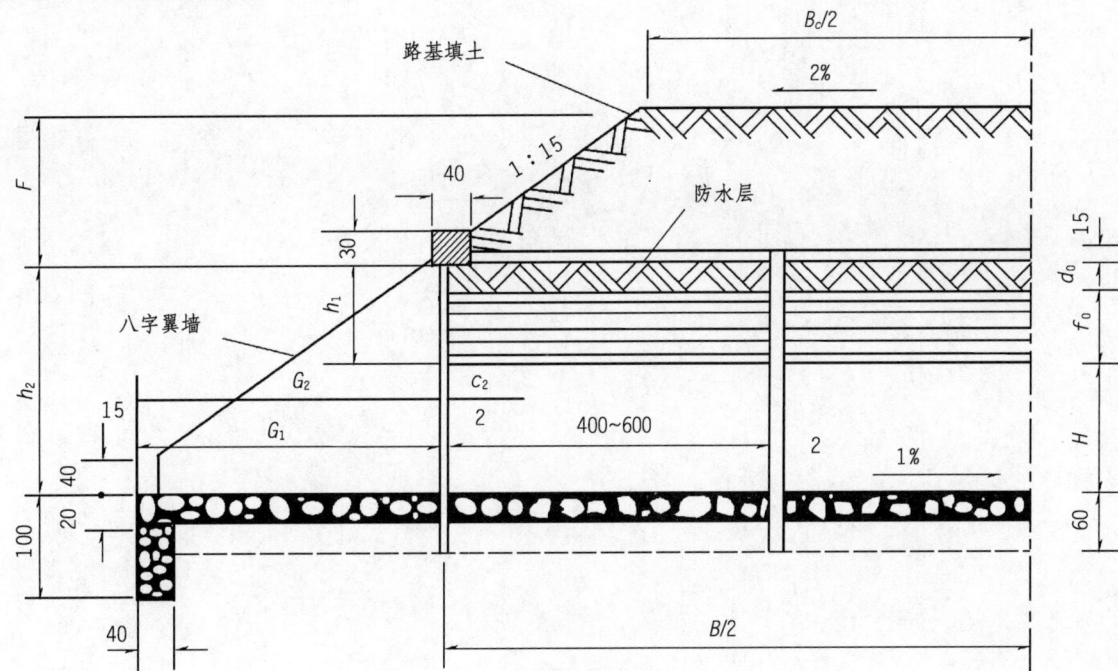

路基填土

防水层

八字翼墙

$B_c/2$

2%

1:15

40

30

h_1

G_2

c_2

G_1

h_2

15

40

20

100

400~600

2

2

1%

40

$B/2$

半纵剖面图

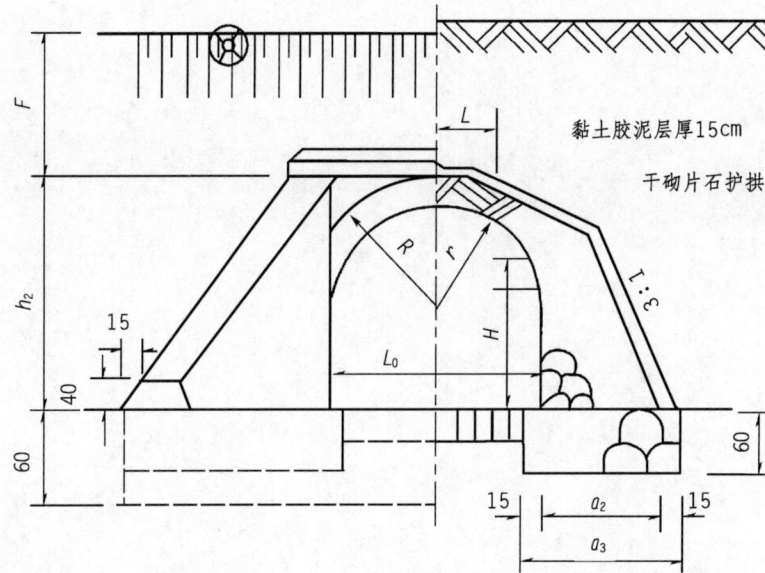

F

d_0

15

f_0

H

60

L

黏土胶泥层厚15cm

干砌片石护拱

R

r

$3:1$

h_2

15

40

60

H

L_0

15

a_2

15

a_3

洞口正面

横断面

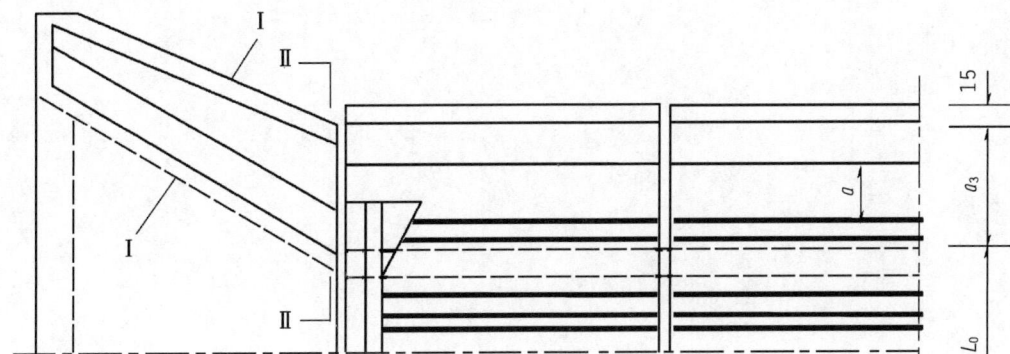

I

II

I

II

a

a_3

L_0

15

15

15

半平面图

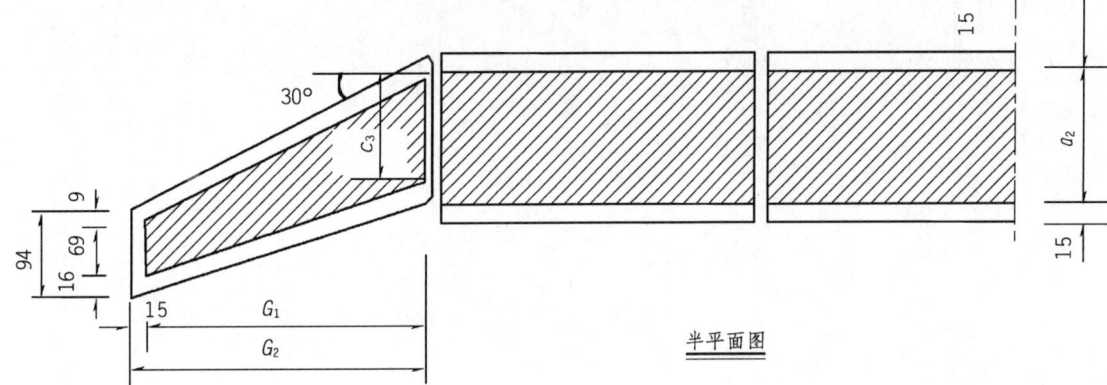

30°

c_3

94

9

69

16

15

G_1

G_2

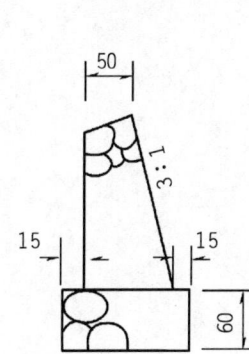

50

$3:1$

15

15

60

I－I

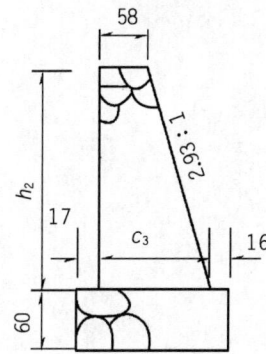

58

$2.93:1$

h_2

17

c_3

16

60

II－II

注:
1.本图尺寸均为cm。
2.路基宽度B和填土厚度F根据实际定,其他尺寸可查标准图中的尺寸表。

模块二 识读道路工程专业图	专业班级		姓 名		学 号	

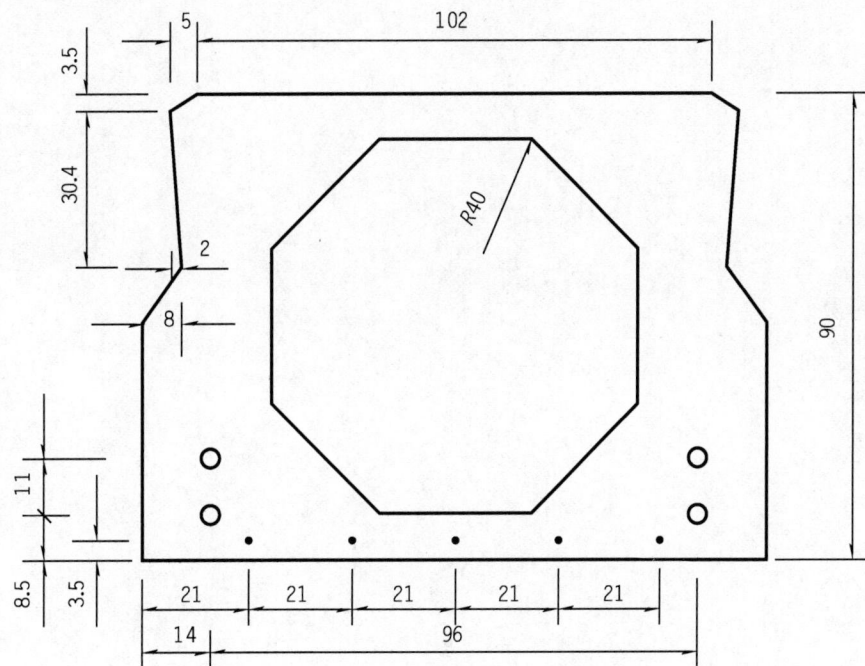

(1)

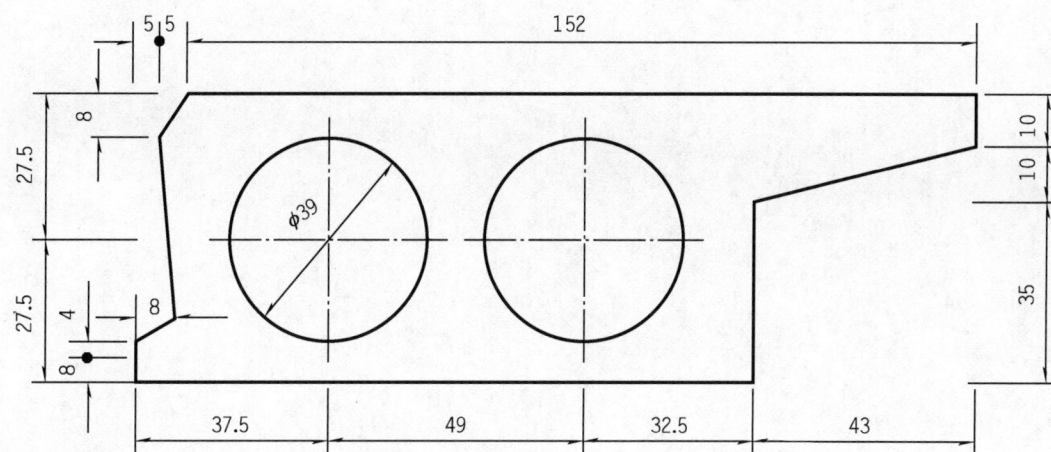

(2)

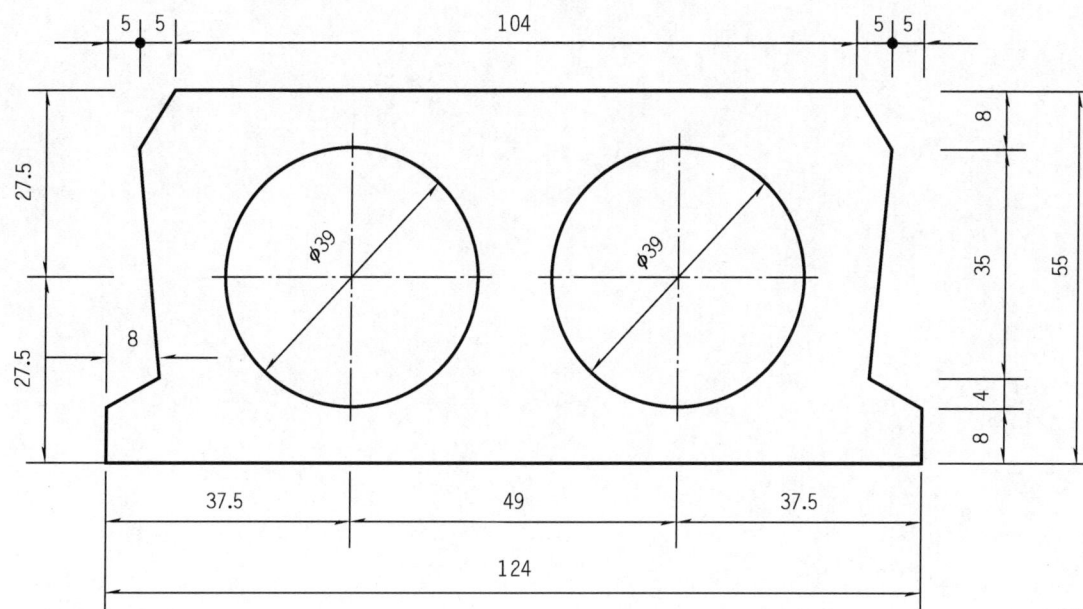

(3)

模块三 绘制工程结构物	专业班级		姓 名		学 号	

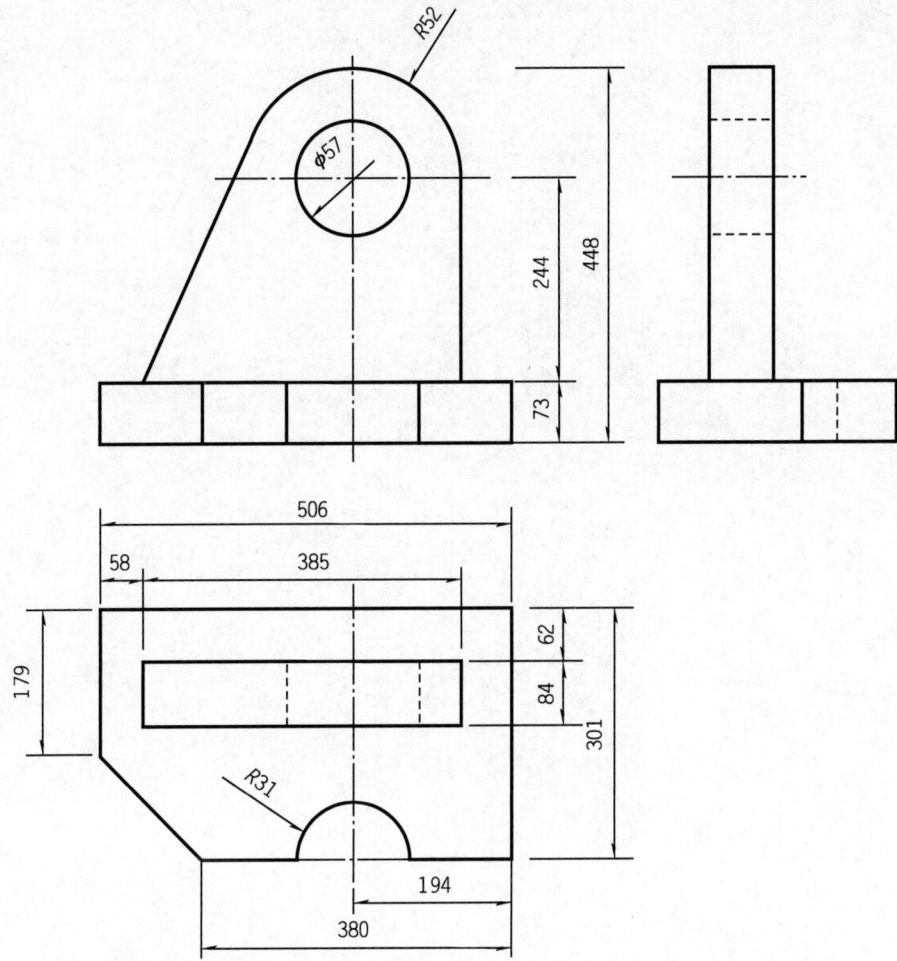

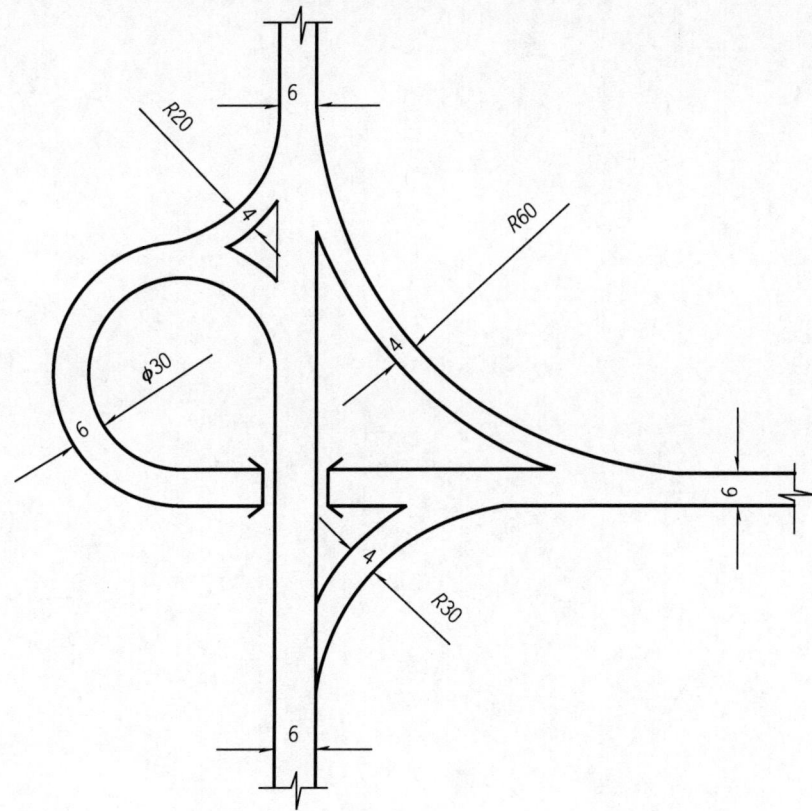

上交作业……请沿此线剪切

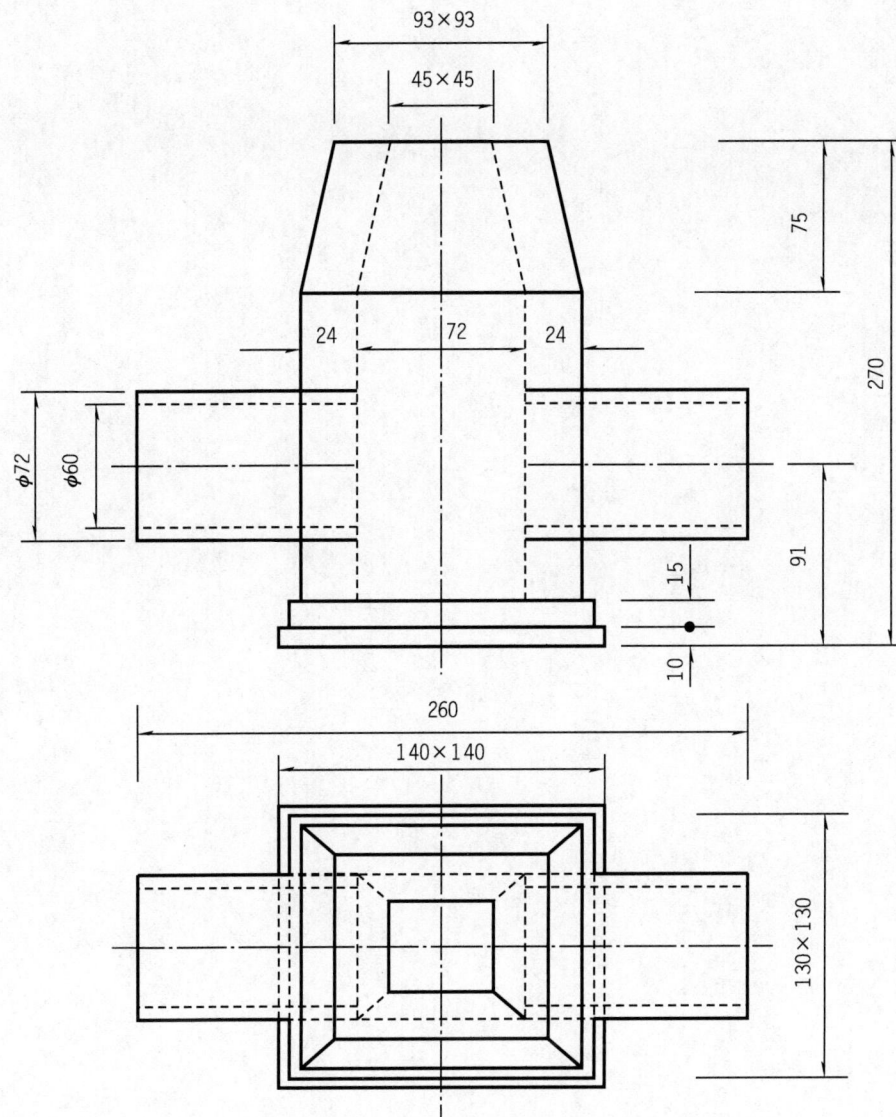

模块三 绘制工程结构物	专业班级		姓　名		学　号	

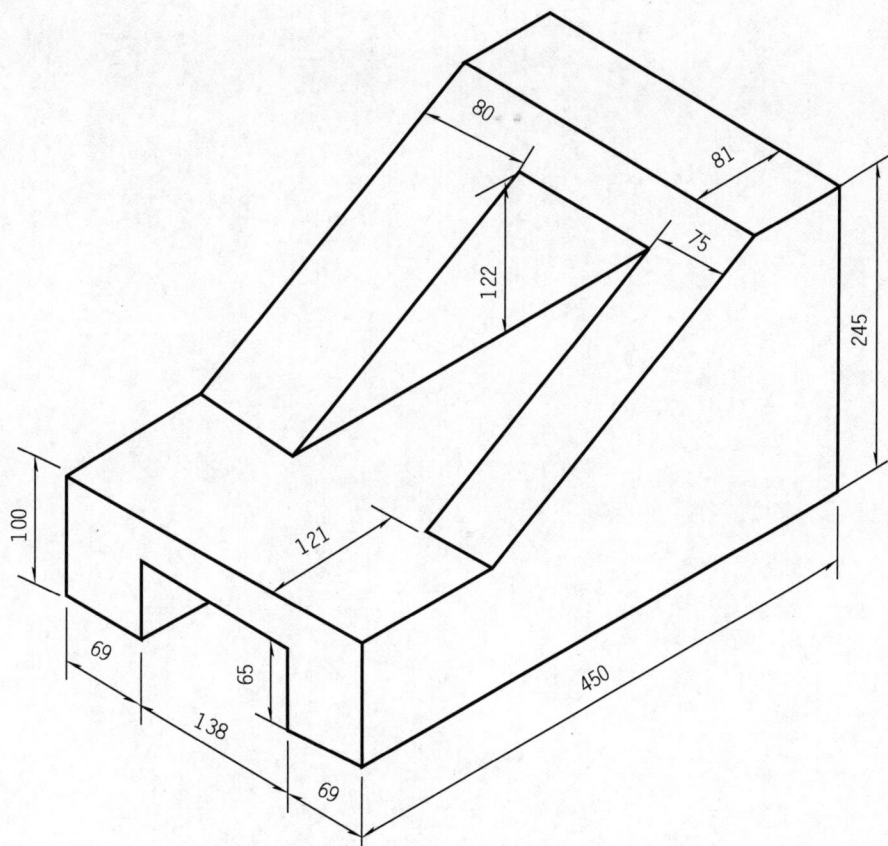

（1）

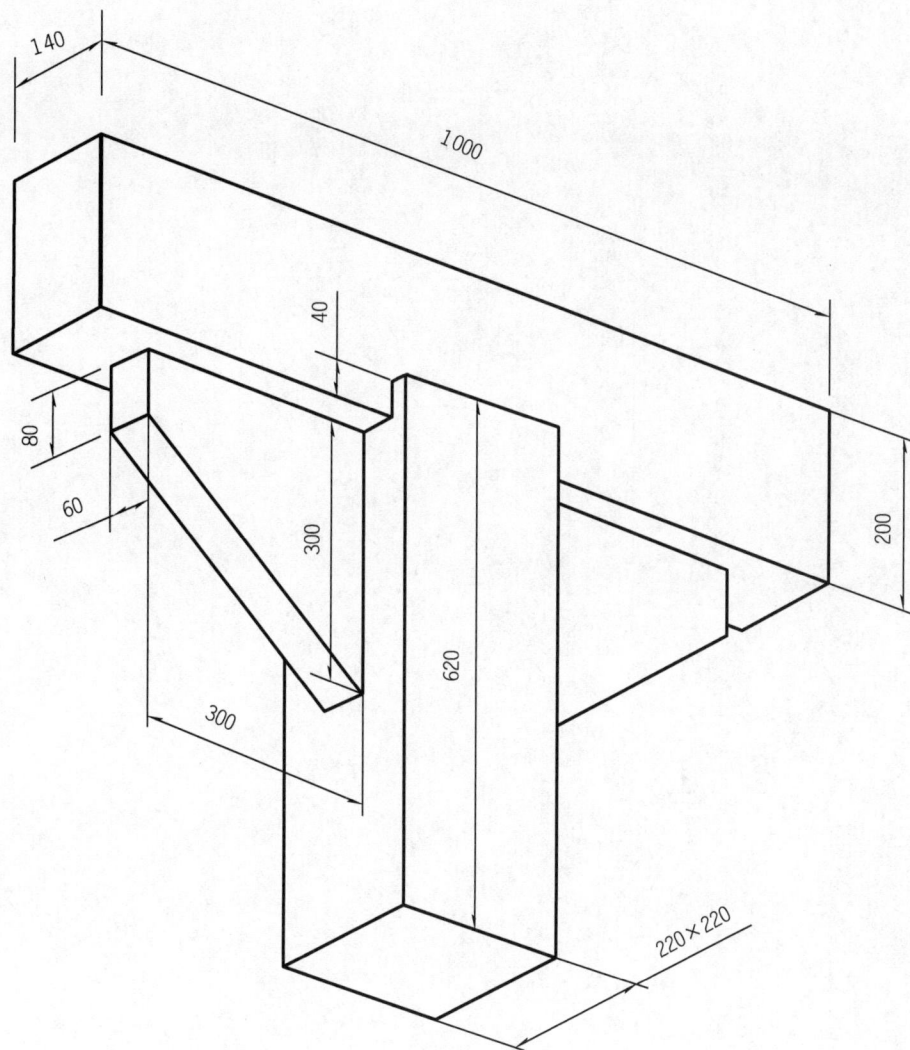

轴测投影的
作图步骤

（2）

| 模块三 绘制工程结构物 | 专业班级 | | 姓 名 | | 学 号 | |

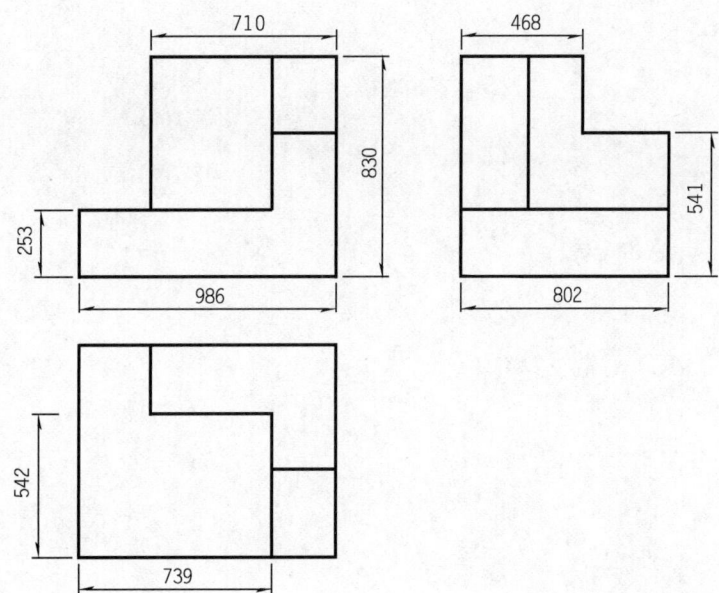

（1）

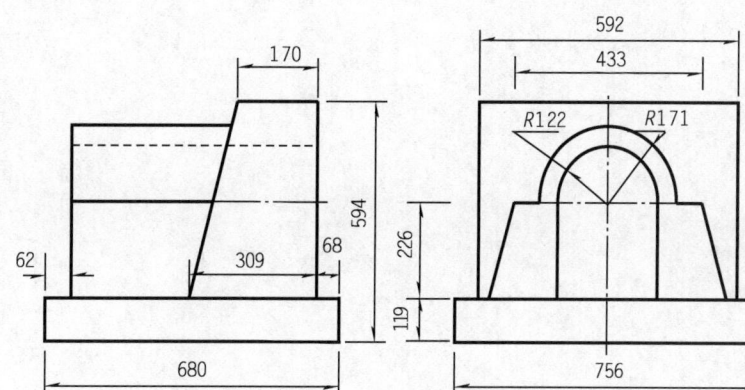

（2）

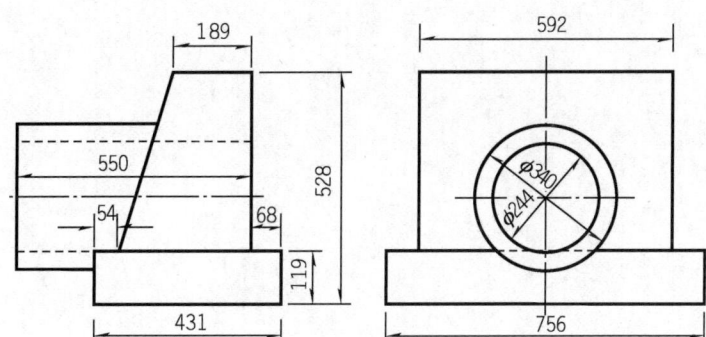

（3）

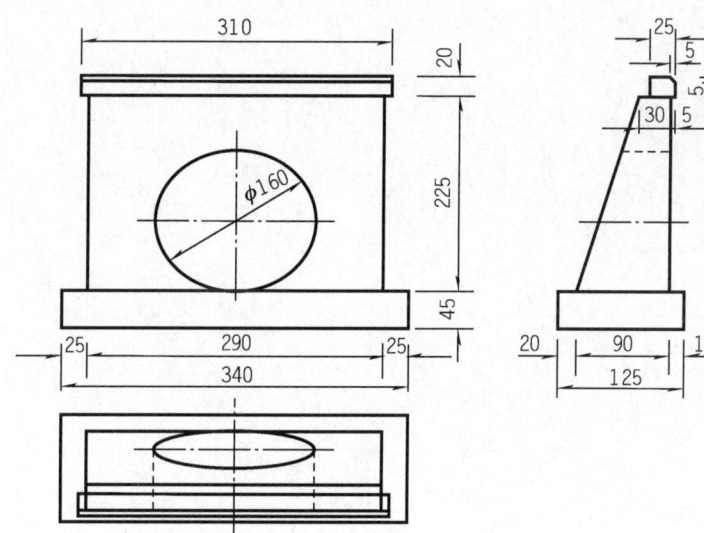

（4）

模块三　绘制工程结构物	专业班级		姓　名		学　号	

3-0-7 在计算机上绘制以下三维图,并进行尺寸标注(尺寸单位:mm)。

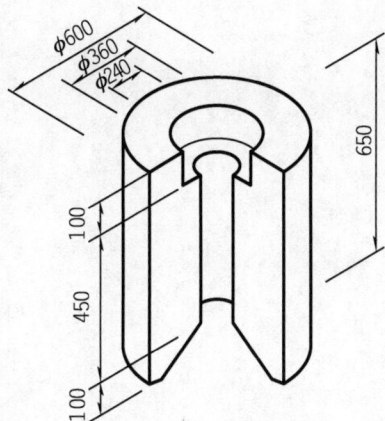

(1)

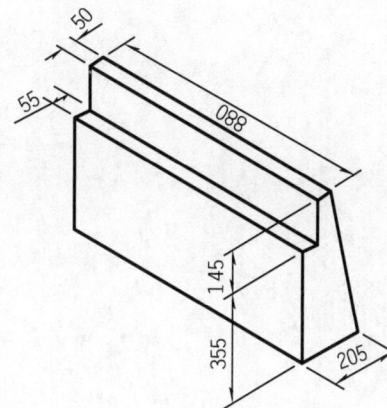

(2)

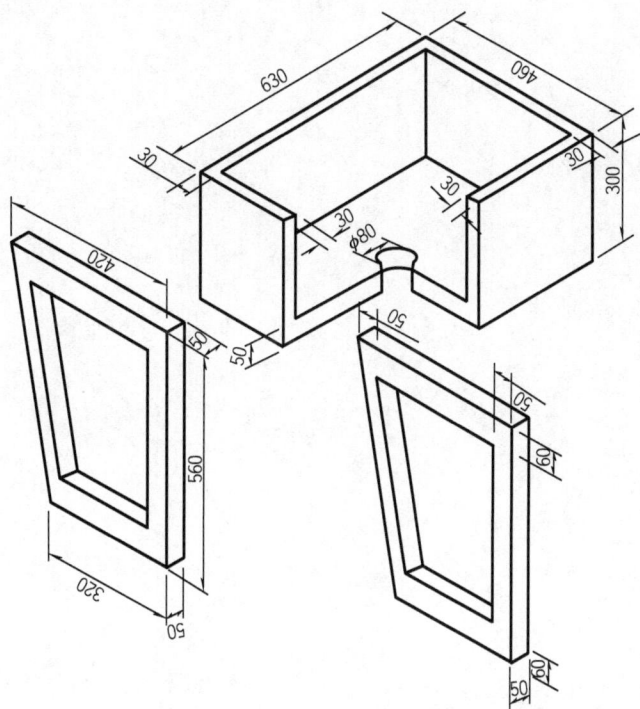

(3)

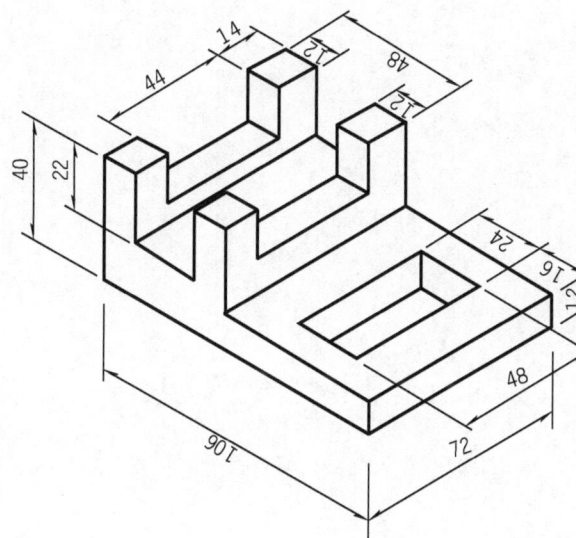

(4)

模块三 绘制工程结构物	专业班级		姓 名		学 号	

要求:(1)请按照图形轴测所给出的尺寸绘制出三面投影图,并标注尺寸。

(2)绘图前请在 A3 图纸上按规范画出标准图框。

(3)绘图时请按照一定的比例在 A3 图纸上绘制图形,并将所用比例标出。

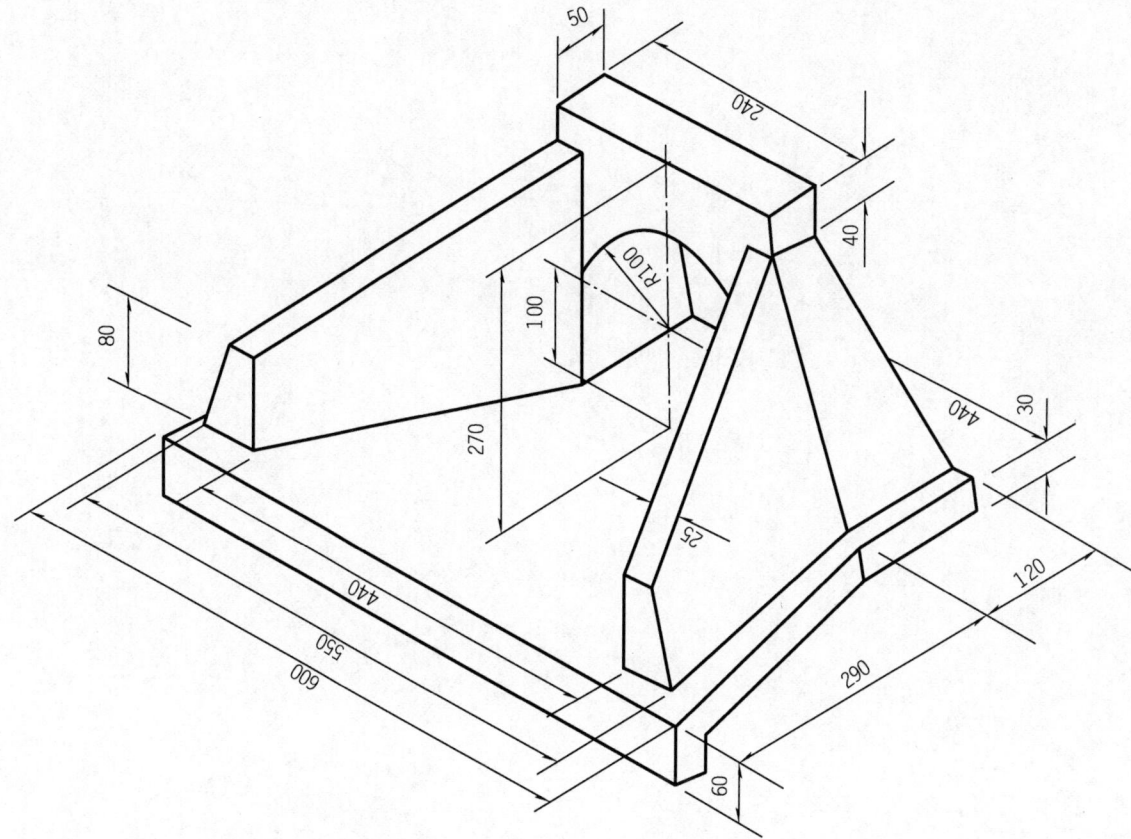

| 模块四　计算机绘图实训 | 专业班级 | | 姓　名 | | 学　号 | |

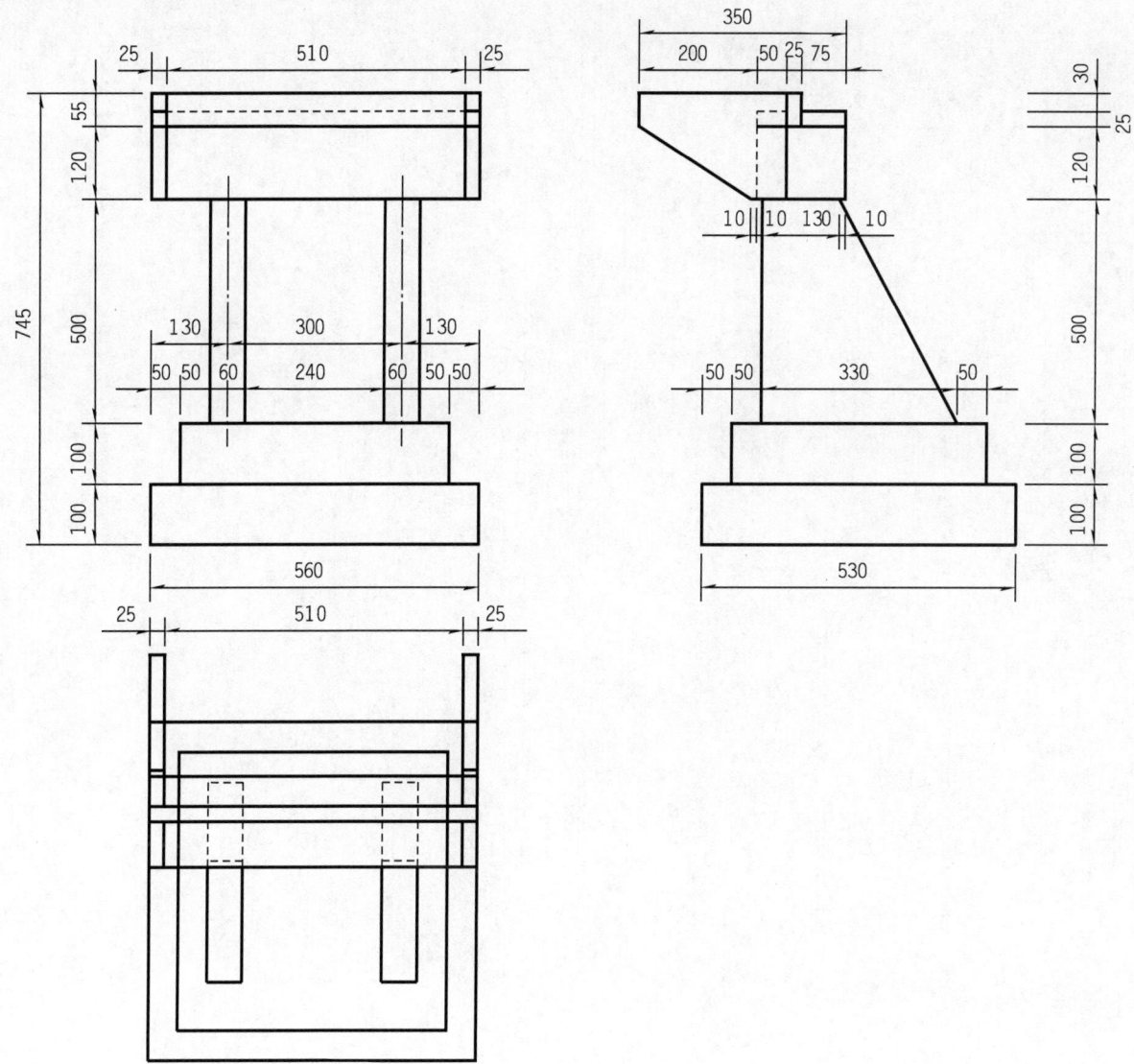

模块四 计算机绘图实训	专业班级		姓 名		学 号	

4-0-3 在计算机上进行挡土墙的绘制。

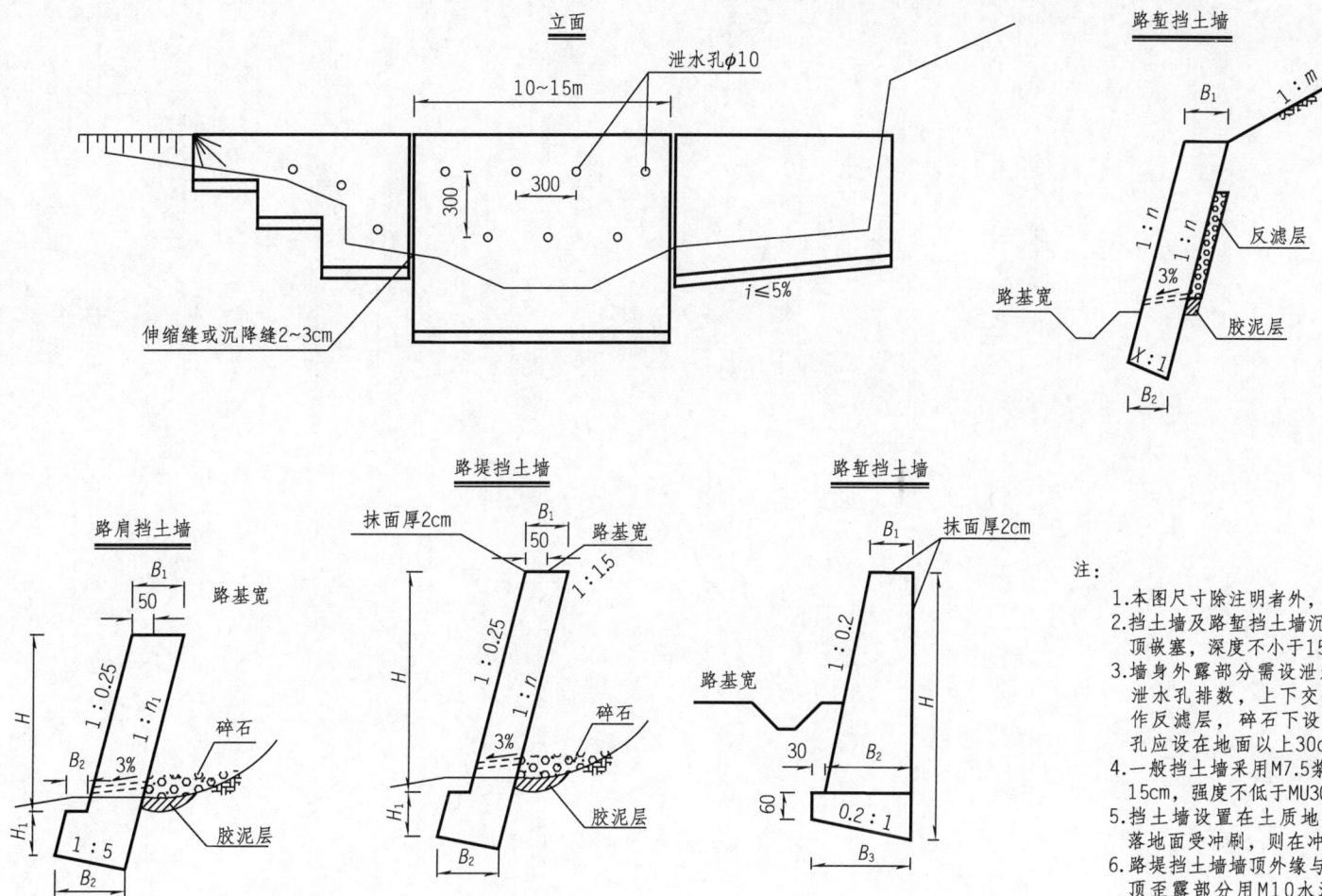

立面

路堑挡土墙

泄水孔φ10

10~15m

300

300

伸缩缝或沉降缝2~3cm

i≤5%

B_1

1:m

1:n

1:n

3%

反滤层

路基宽

胶泥层

$x:1$

B_2

路肩挡土墙

B_1

50

路基宽

1:0.25

1:n_1

碎石

B_2

3%

H

H_1

胶泥层

1:5

B_2

路堤挡土墙

抹面厚2cm

B_1

50

路基宽

1:1.5

1:0.25

1:n

H

碎石

3%

H_1

胶泥层

B_2

路堑挡土墙

B_1

抹面厚2cm

1:0.2

路基宽

30

B_2

60

0.2:1

H

B_3

注：
1.本图尺寸除注明者外，其余均以cm计。
2.挡土墙及路堑挡土墙沉降缝采用沥青麻絮在墙内、外、顶嵌塞，深度不小于15cm。
3.墙身外露部分需设泄水孔，墙高4m以上视情况增设泄水孔排数，上下交错布置，进水孔口填适量碎石作反滤层，碎石下设胶泥层防积水渗入基础，泄水孔应设在地面以上30cm，常水位以上50cm。
4.一般挡土墙采用M7.5浆砌片石砌筑，片石厚度不小于15cm，强度不低于MU30。
5.挡土墙设置在土质地基时，基础埋深不小于1.0m，落地面受冲刷，则在冲刷线1.0m以下。
6.路堤挡土墙墙顶外缘与路基边坡接触距离为0.5m，墙顶歪露部分用M10水泥砂浆抹面，使墙体外顶两面平整。

模块四 计算机绘图实训	专业班级		姓 名		学 号	

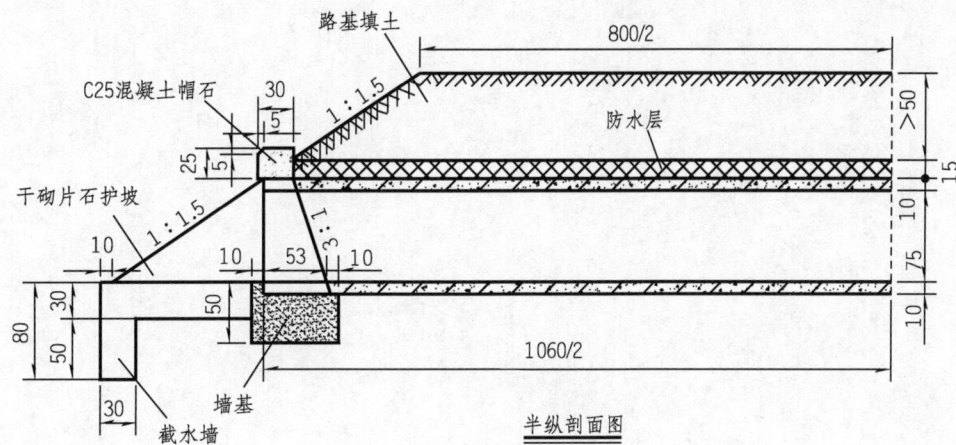

C25混凝土帽石
路基填土
防水层
干砌片石护坡
墙基
截水墙

半纵剖面图

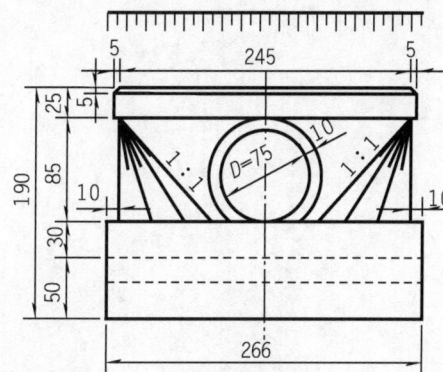

洞口正面图

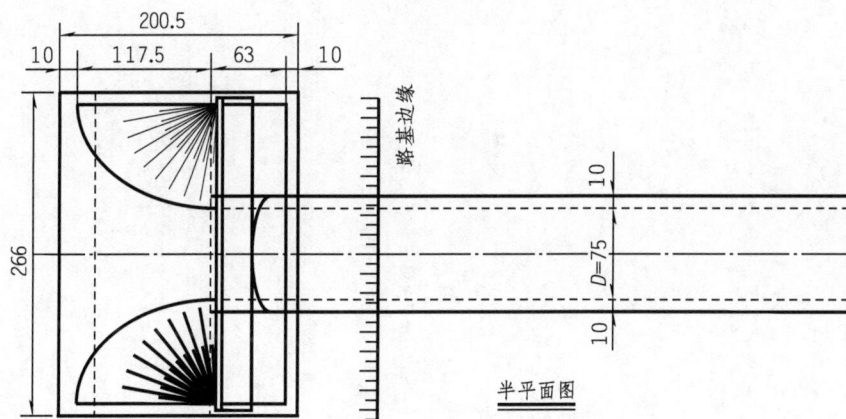

半平面图

洞口工程数量表(一端)

管径	C11混凝土缘石(m³)	M3浆砌片石墙身(m³)	M3浆砌片石基础(m³)	干砌片石护坡(m³)
75	0.191	0.552	2.200	0.275

注：1.图中尺寸以cm为单位；
2.洞口工程数量指一端，即一个进水口或一个出水口。

半纵剖面图

400

>50

14

120

20

25
5

30
5

八字翼墙

1:1.5

i=1%

20

60

30

半平面及半剖面图

洞口立面图

5 235 5

C15混凝土缘石

138

M5浆砌片石基础

45

20

60

51

80 90 80 102 68

420

M25浆砌片石墙身

10 171 560

11
6 68
45
6

10

10
40

10

82

420

30

100

100/2

30°

68
51

11

I

II

I

II

26

138/2

45

10

10

45
3.75:1

134

11 82 11

60

104

I−I 断面

26 138 26

14

45 100 45

120

60

66 210 66

II−II 断面

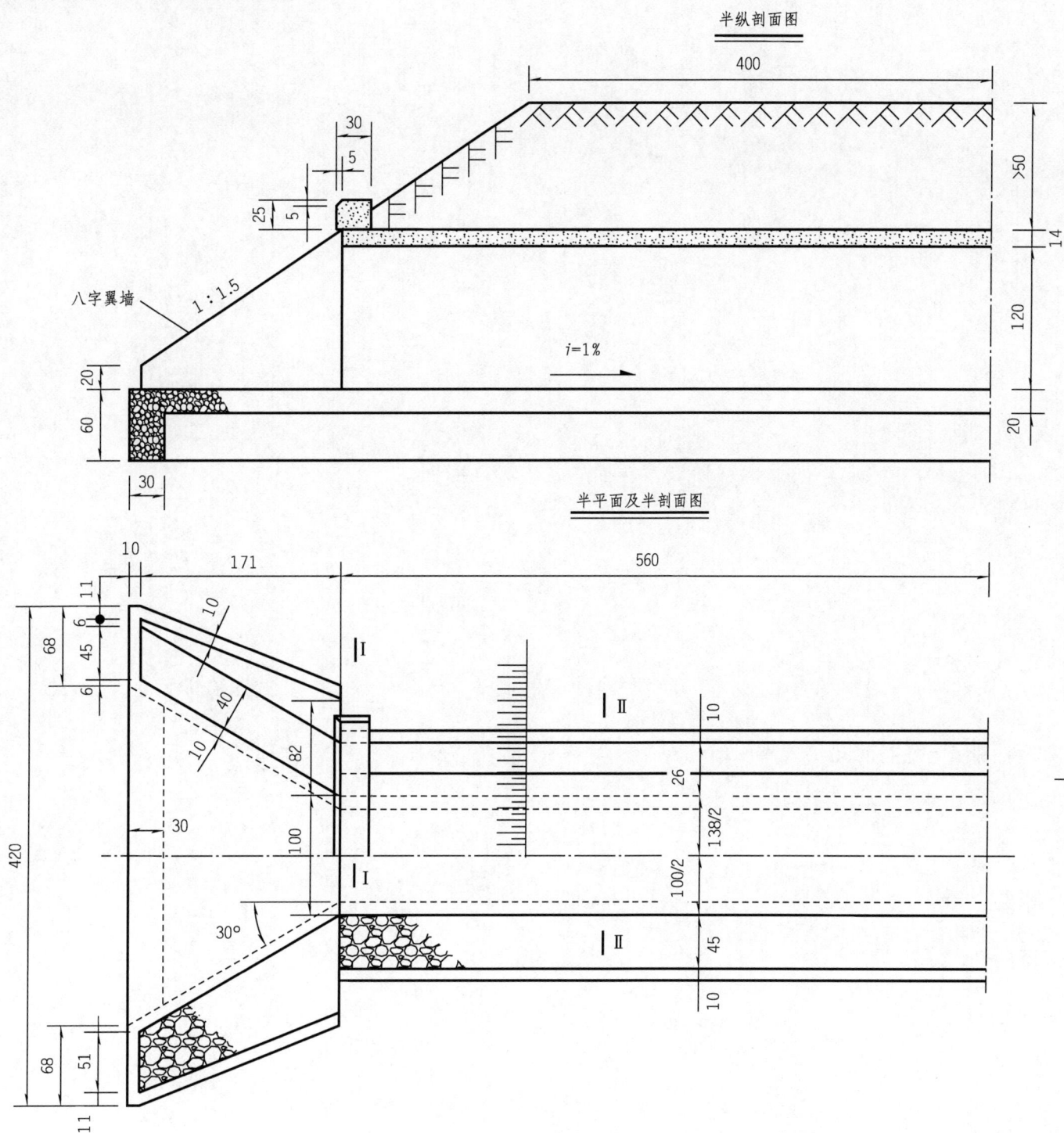

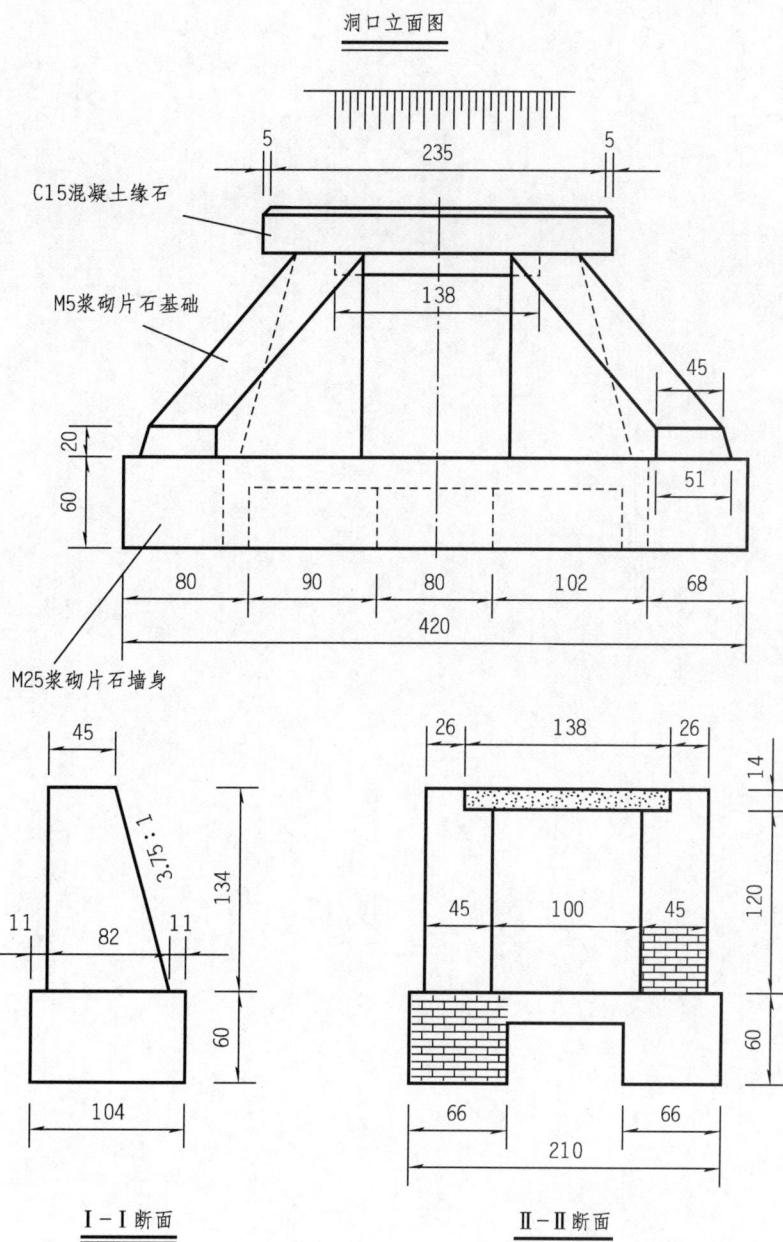

注:
1.本图尺寸均以cm计;
2.洞底铺砌用M5水泥砂浆砌筑,盖板用C20钢筋混凝土制作;
3.基础深度应视实际情况确定,但是最小不得小于60cm;
4.本工程施工时,必须安装好上部构造后才能填土。

4-0-6 在计算机上进行表格绘制以及文字标注。

立面图

断面图

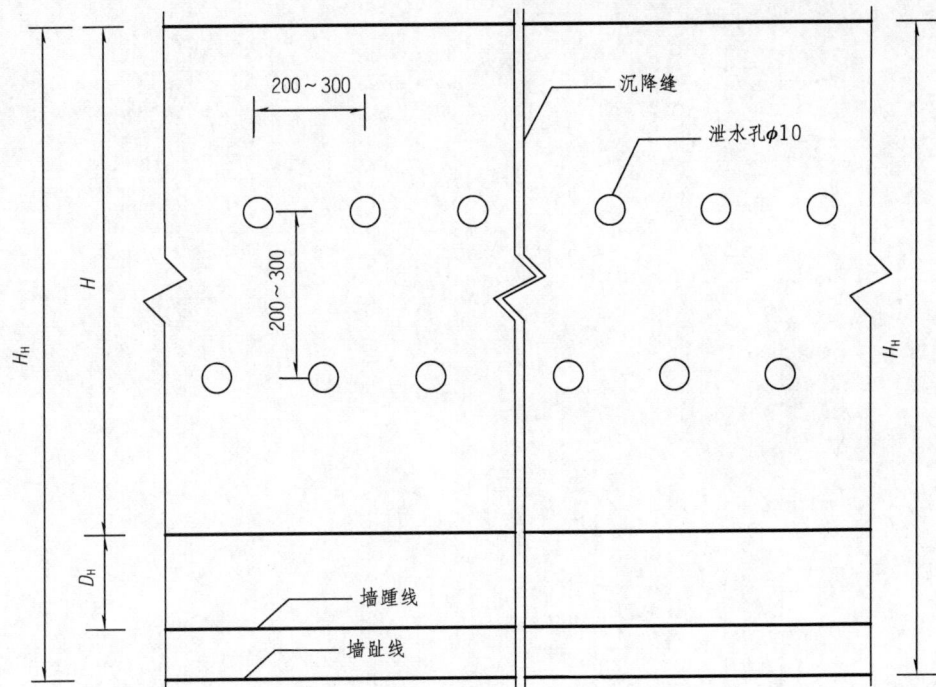

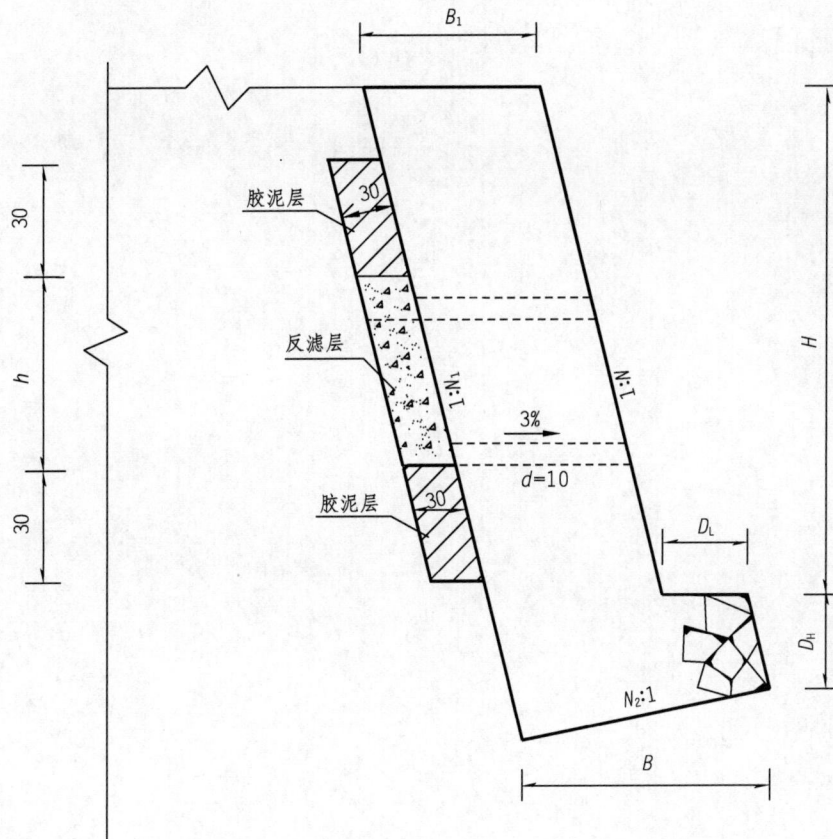

沉降缝
泄水孔$\phi 10$
$200\sim300$
H
$200\sim300$
H_H
H_H
D_H
墙踵线
墙趾线

B_1
胶泥层
反滤层
胶泥层
30
30
$N_1:1$
3%
$d=10$
$N_1:1$
$d=10$
$N_2:1$
h
H
D_L
D_H
B

断面尺寸表

摩擦角	基底	墙高	断面尺寸								圬工体积
$\varphi(°)$	σ (kPa)	H (m)	D_H (m)	B_1 (m)	B_2 (m)	B (m)	D_L (m)	H_H (m)	N_1	N_2	(m^3/m)
35	250	1.5	0.5	0.40	0.40	0.67	0.3	2.64	-0.25	0.20	1.00
		2	0.5	0.51	0.51	0.77	0.3	2.65	-0.25	0.20	1.48
		3	0.5	0.64	0.64	0.89	0.3	3.67	-0.25	0.20	2.47
		4	0.5	0.89	0.89	1.13	0.3	4.71	-0.25	0.20	4.28
		5	0.5	1.10	1.10	1.33	0.3	5.76	-0.25	0.20	6.38
		6	0.6	1.27	1.27	1.59	0.4	6.91	-0.25	0.20	8.88
		7	0.7	1.40	1.40	1.76	0.45	8.05	-0.25	0.20	11.42
		8	0.8	1.40	1.80	2.25	0.50	9.25	-0.20	0.20	15.18
		9	0.9	1.51	1.96	2.50	0.60	10.40	-0.20	0.20	18.59

注:
1.本图尺寸除注明者外,其余均以cm计。
2.沉降伸缩缝间距为10~12m,缝宽2cm,用沥青麻絮填塞。
3.墙身外露部分须设泄水孔,墙高4m以上视情况增设泄水孔排数,且间距2~3m上下交错布置,进水孔口设砂砾反滤层,下设胶泥层防积水渗入基础,泄水孔应设在地面以上0.30m,常水位以上0.5m。
4.一般挡土墙采用M7.5浆砌片石砌筑,片石厚不小于15cm强度等级不低于MU25。
5.挡土墙设置在土质地基时,基础埋深不小于1.0m,若地面受冲刷应埋置冲刷线1.0m以下。
6.墙顶用M10水泥砂浆抹面。
7.挡土墙施工时每砌筑0.5~1.0m,当砂浆强度达75%以上后路基填土跟进至墙高。

模块四 计算机绘图实训	专业班级		姓 名		学 号	

立面图　　1:50

侧面图　　1:50

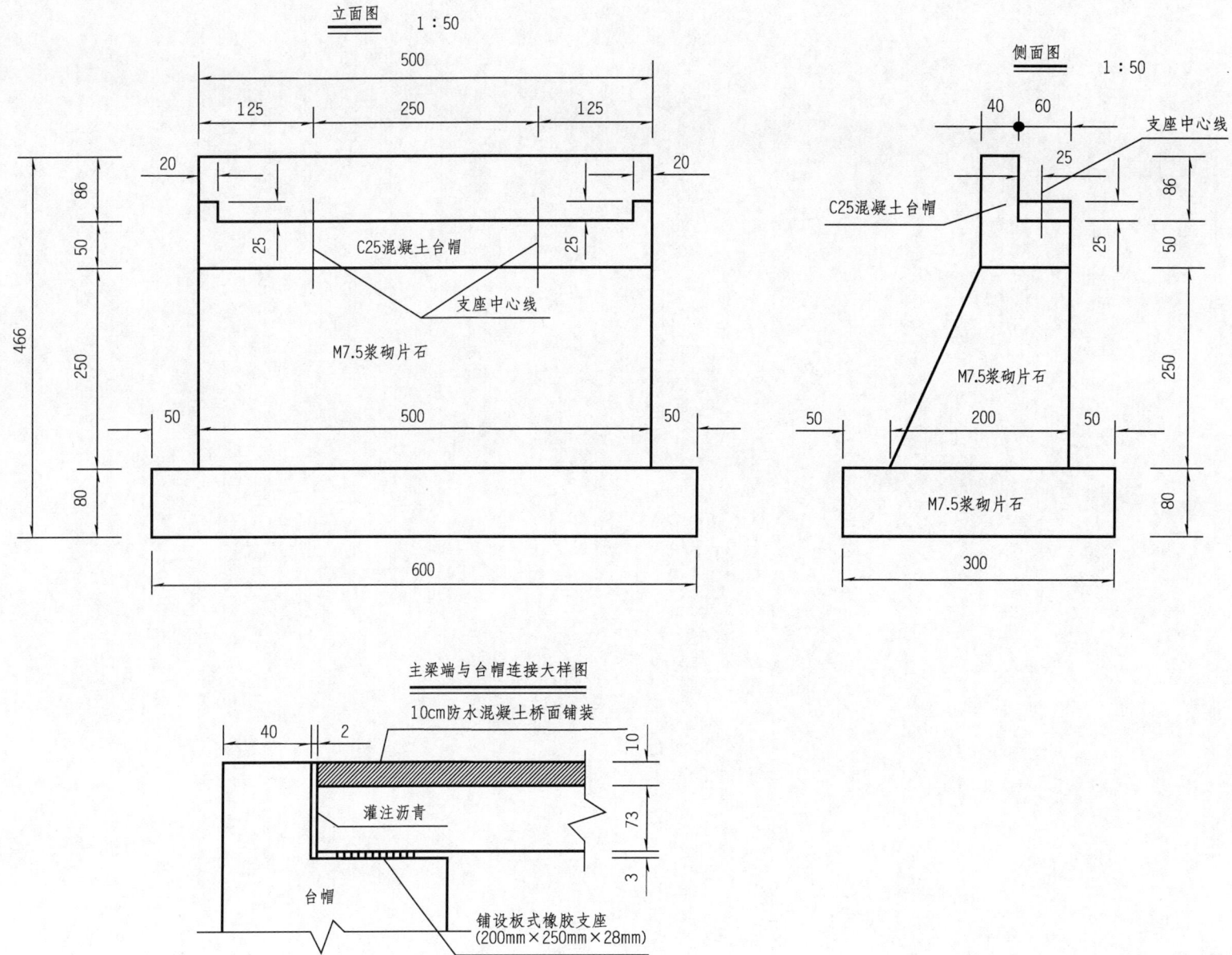

主梁端与台帽连接大样图

| 模块四　计算机绘图实训 | 专业班级 | | 姓　名 | | 学　号 | |

中板立面(边板内侧)　1:1

18　55
25　1146/2　1196/2

中板平面　1:1　I

18　18　39　124　39　18　25　1146/2　I

边板平面　1:1　II

18　39　10　162　39　13　43　25　1146/2　II

板梁对称中线

中板剖面(I-I)　1:1

5　104　5　5
27.5　27.5　8　Φ39　Φ39　41　4　5
37.5　49　37.5　124

边板剖面(I-I)　1:1

5　5　152
Φ39　Φ39　35　10　10　55
37.5　49　32.5　162

半横断面图　1:2

35　10　10
43　119.5　125　125　62.5
950/2

铰缝大样　2:1

5　5　5　5
1
8　8

铰缝数量表

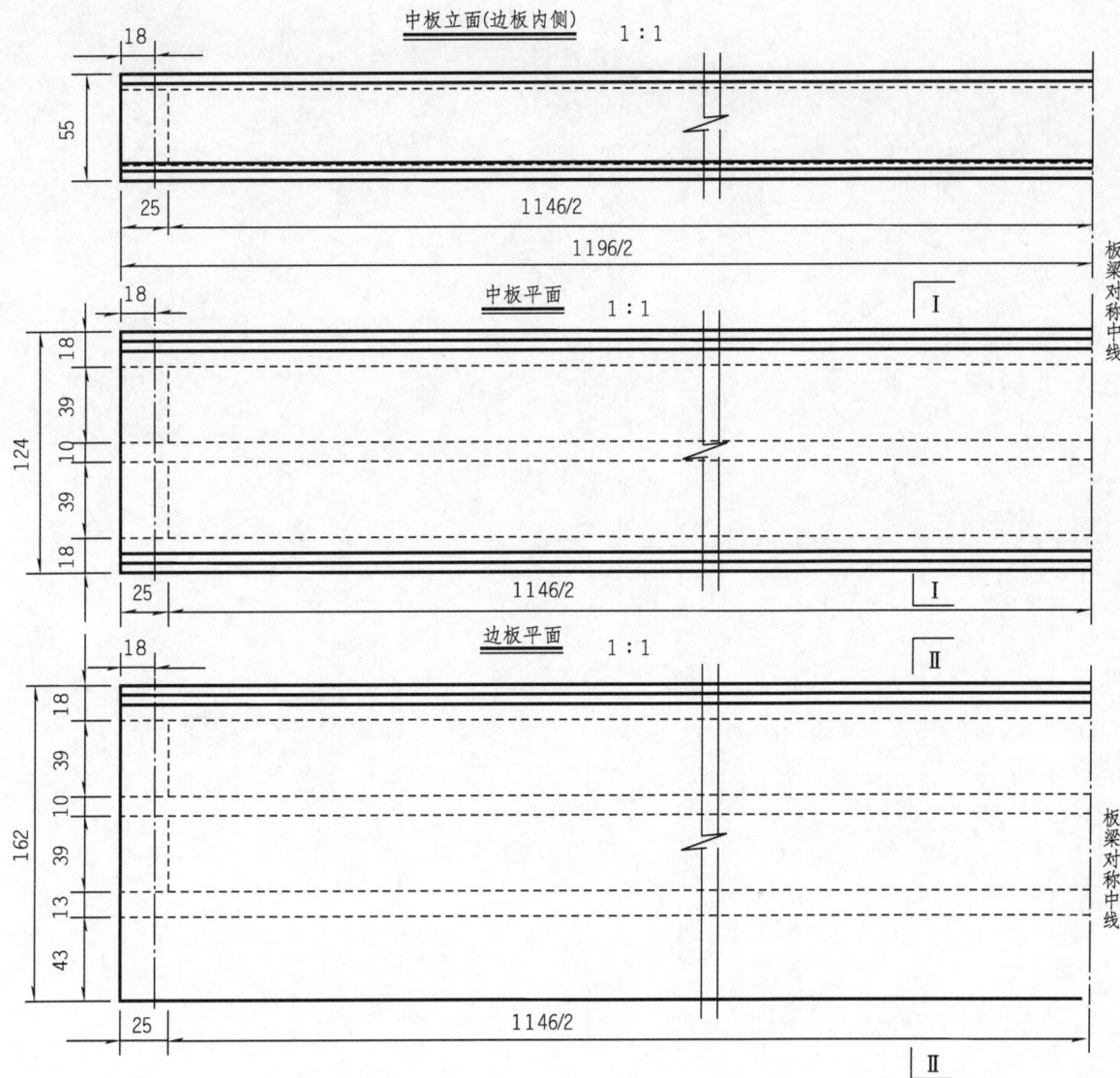

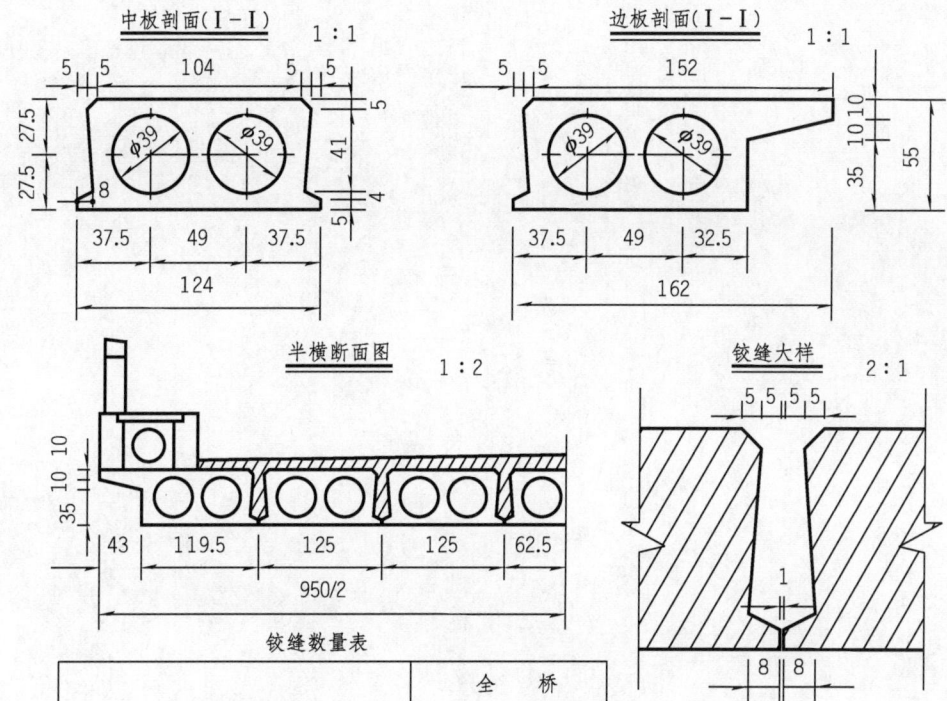

一道铰缝		全桥	
		数量	合计(m³)
M12.5水泥砂浆(m³)	0.008	72	0.576
C30混凝土(m³)	0.795	72	57.24

工程数量表

项目	单块板		全桥			
	C30混凝土空心板(m³)	C25混凝土封头(m³)	数量	C30混凝土空心板(m³)	C20混凝土封头(m³)	合计(m³)
边板	5.481	0.119	24	131.5	2.856	134.4
中板	4.575	0.119	60	274.5	7.14	281.6

4-0-9 在计算机上进行桥面板的绘制。

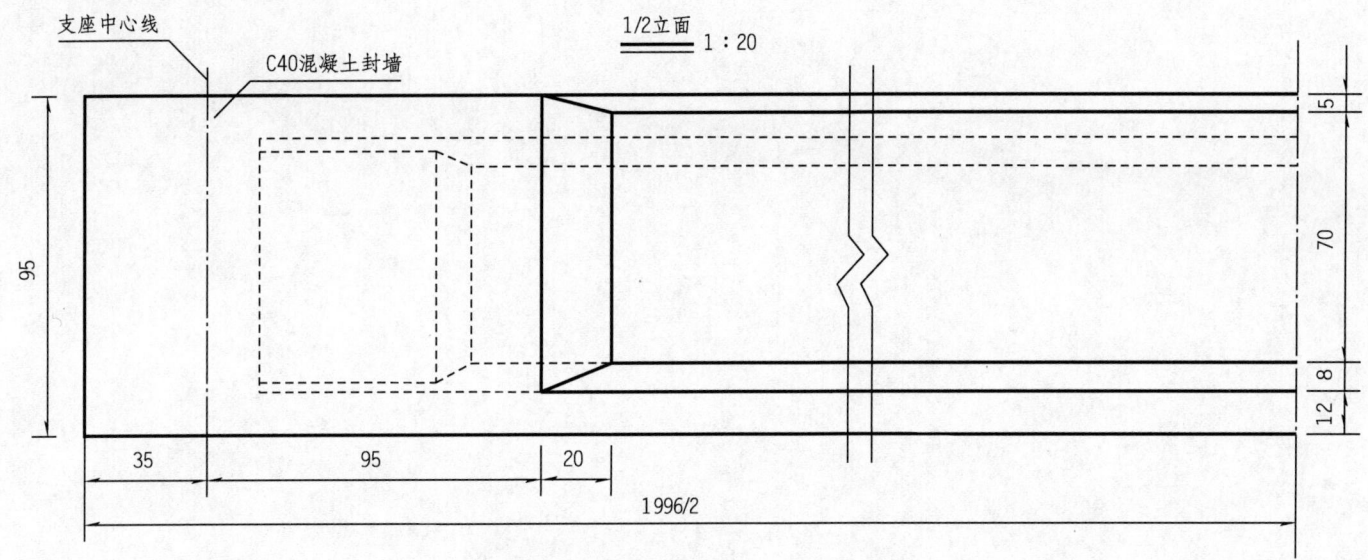

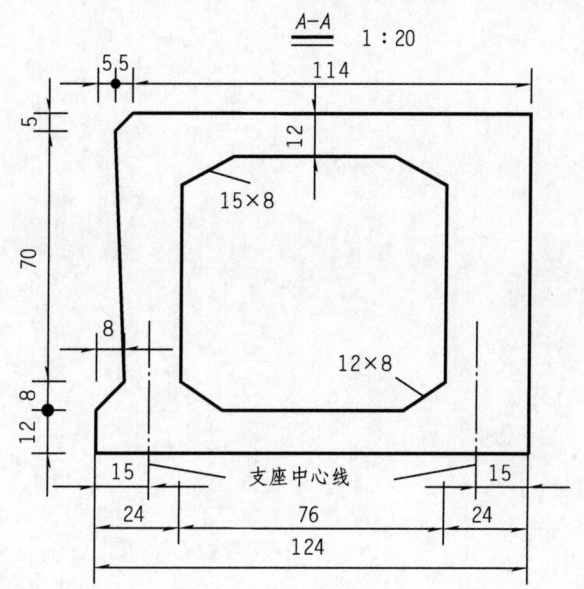

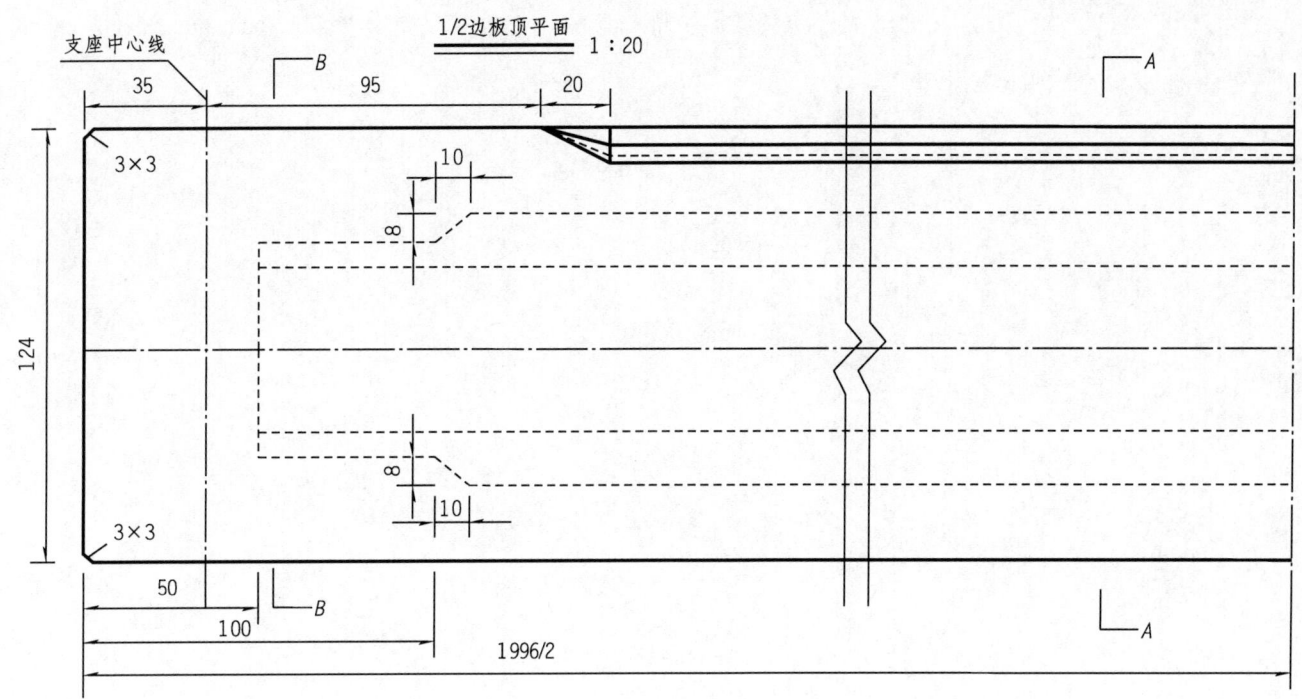

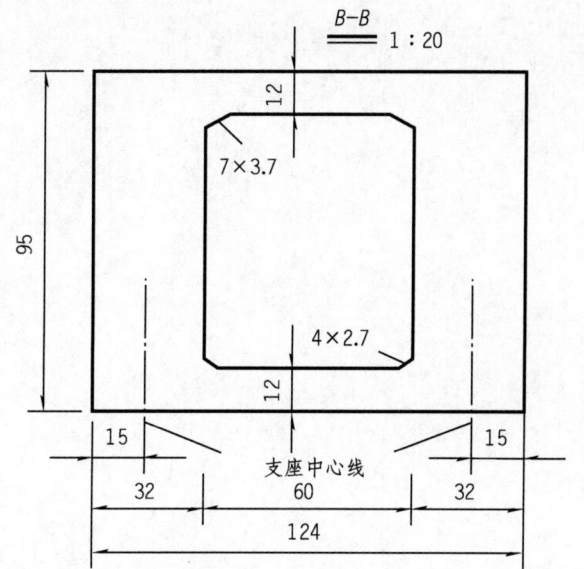

支座中心线
C40混凝土封墙

1/2立面 1:20

A—A 1:20

5.5
114
5
12
15×8
70
12×8
8
12 8
15
支座中心线
15
24
76
24
124

95
5
70
8
12
35
95
20
1996/2

支座中心线

1/2边板顶平面 1:20

B
95
20
A

B—B 1:20

35
3×3
10
8
7×3.7
12
124
95
8
4×2.7
10
12
3×3
15
支座中心线
15
32
60
32
124

B
50
100
A
1996/2

注：本图尺寸均以cm计。

4-0-10 在计算机上进行桥面板的配筋图的绘制(尺寸单位:cm)。

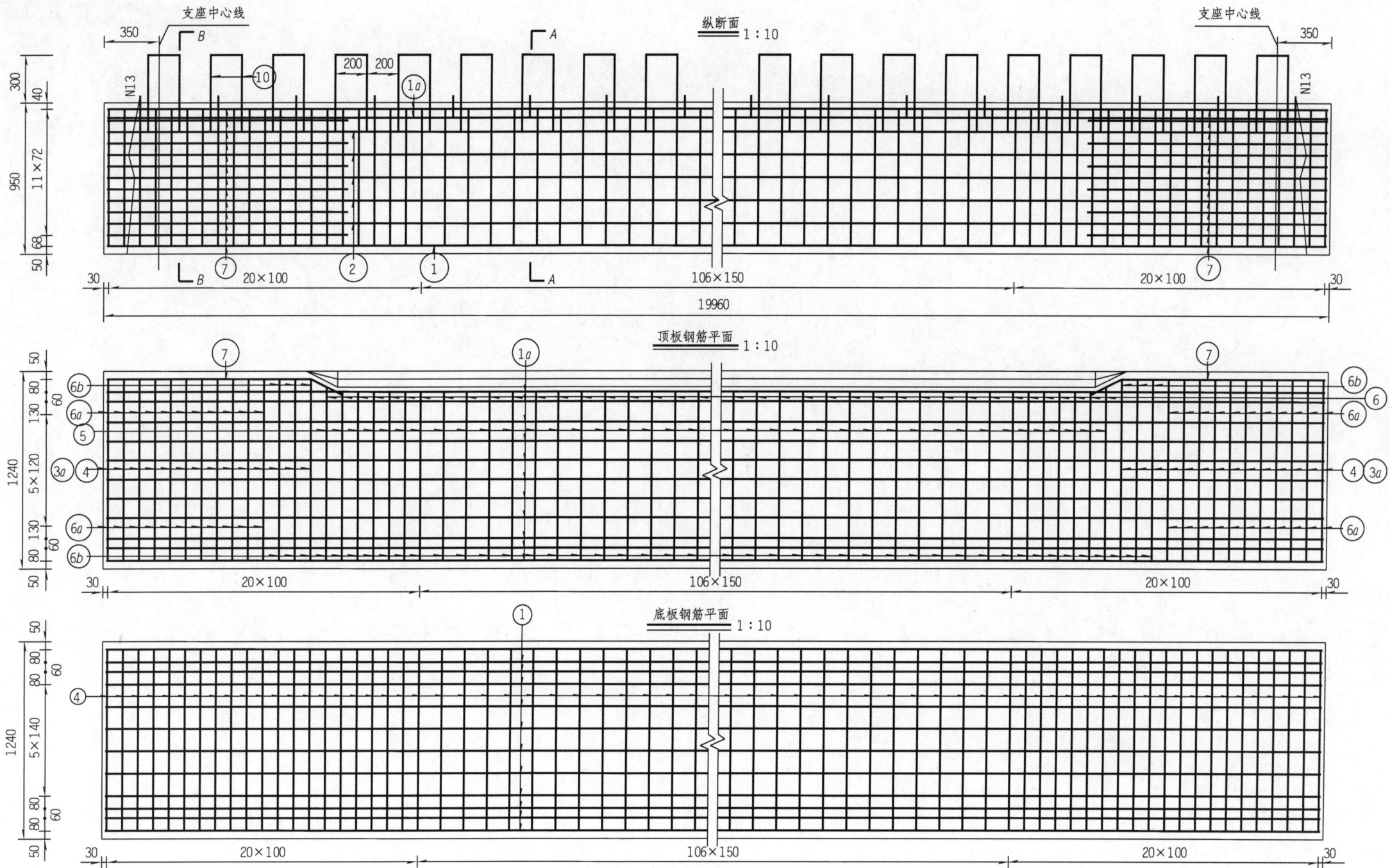

纵断面 1:10

顶板钢筋平面 1:10

底板钢筋平面 1:10

4-0-11 在计算机上绘制 T 梁钢筋结构图。

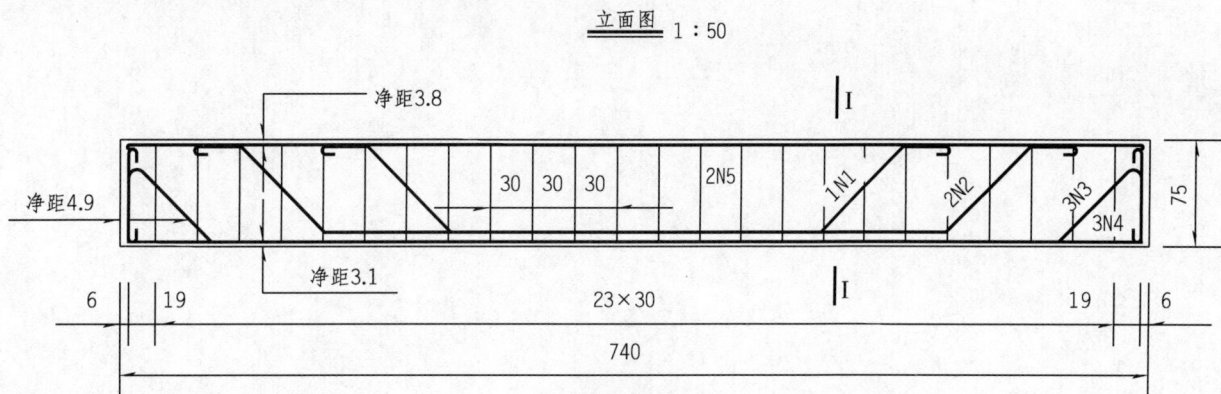

立面图 1:50

净距3.8

净距4.9

30 30 30   2N5   1N1   2N2   3N3
                                 3N4

净距3.1

75

6 ┊ 19   23×30   19 ┊ 6
740

I－I断面   1:20

5   5

160
80

12   5

18
75
5
4.8

4.4   4×5.3   4.4
30

2	1	2
4	3	4	3	4

钢筋成型图

33
1φ22   ①   85   60
l=526
266/2   60

33
2φ22   ②   85   60
l=708
448/2   60

13
2φ22   ③   70   45
l=892
610/2   59

3φ22   ④   65
l=882
728/2

2φ12   ⑤
l=745   730/2

⑥   24φ6
l=200@30

26

74   76

24

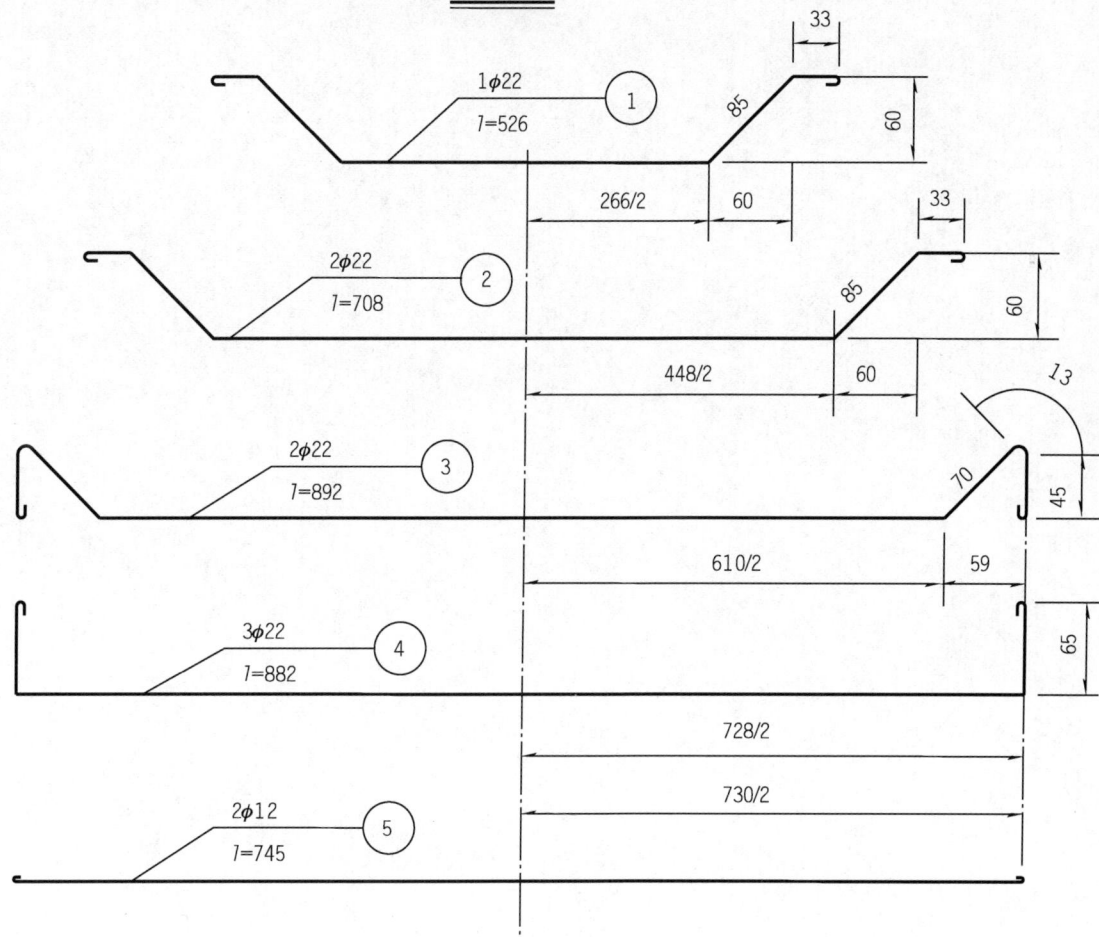

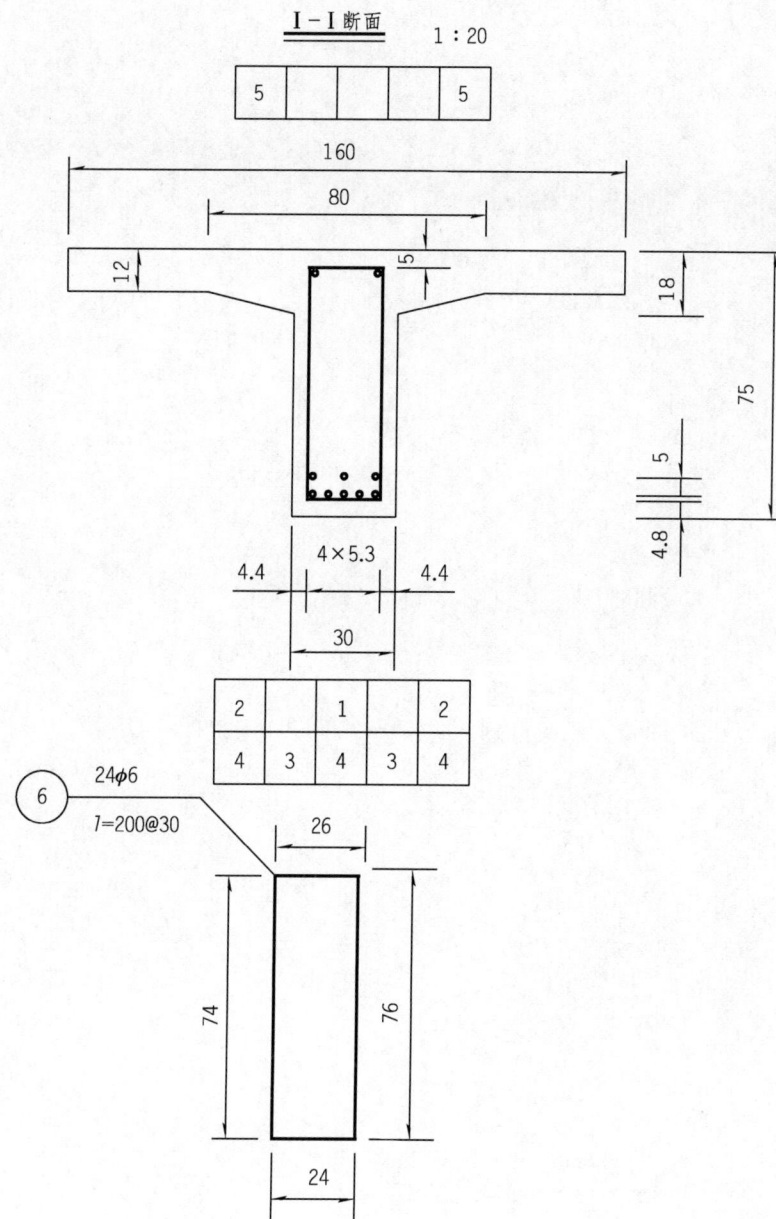

注：本图尺寸均以cm计。

模块四　计算机绘图实训	专业班级		姓　名		学　号	

参 考 文 献

[1] 曹雪梅.道路工程制图习题集[M].3 版.北京:人民交通出版社,2012.

[2] 何铭新.建筑工程制图[M].北京:高等教育出版社,2008.

[3] 王子茹.画法几何及工程制图习题集[M].北京:人民交通出版社,2013.

[4] 谭海洋.道路工程制图习题集[M].北京:人民交通出版社,2013.

[5] 郭全花.土木工程制图习题集[M].北京:人民交通出版社,2013.